解码男孩青春期

苏白——著

天津出版传媒集团

天津科学技术出版社

图书在版编目（CIP）数据

解码男孩青春期 / 苏白著. -- 天津 : 天津科学技术出版社, 2024. 6. -- ISBN 978-7-5742-2275-5

Ⅰ. G479

中国国家版本馆CIP数据核字第2024PW0004号

解码男孩青春期
JIEMA NANHAI QINGCHUNQI

责任编辑：刘　颖

出　　版：	天津出版传媒集团 天津科学技术出版社
地　　址：	天津市西康路35号
邮　　编：	300051
电　　话：	（022）23332695
网　　址：	www.tjkjcbs.com.cn
发　　行：	新华书店经销
印　　刷：	水印书香（唐山）印刷有限公司

开本 670×950　1/16　印张10　字数 80 000
2024年6月第1版第1次印刷
定价：49.80元

写在前面

嗨! 亲爱的男孩,你最近是否发现自己的个子蹿得越来越快,下巴上长出了毛茸茸的胡须,喉结开始凸起,声音变成"公鸭嗓"了呢?你是否开始更容易和父母发生矛盾?在学习上、与同学交往上也开始有更多烦恼了呢?

如果你正在经历以上种种烦恼,那么不要担心和焦虑,恭喜你已经进入青春期,即将开始经历成长过程中的一个美好阶段。

青春期是每个人从孩童成长为大人的必经阶段,所以你并不孤独,那些烦恼和困惑都是成长路上的"小插曲"。只要多询问过来人的建议,你就能顺利地度过青春期,长成优秀的大人。

本书就是这样一本适合男孩阅读的青春期秘籍。它将会教给你如何解决和父母之间的矛盾;如何与同学更好地相处,从而收获更多好朋友;还能帮你正确地对待学习,提高成绩;就连你身体变化方面那些羞于诉说的小疑惑,也会一一为你解答。

青春期并不可怕,你在青春期遇到的所有困难也都有解决办法。无论你现在多么迷茫、不安、困惑,这本书都会教给你正确地处理这些问题的方法,伴你顺利走过青春期,成为优秀的男子汉。

目　录

和老爸老妈的"相爱相杀"

- 002　别管我！我要自己做决定
- 006　两个男人的沟通方式
- 010　爸爸好像不爱我
- 014　觉得妈妈好烦怎么办
- 018　我是不是有"恋母情结"
- 022　今天也好想离家出走

我和我的朋友们

- 028　我想跟你说"不"
- 032　讲义气也要分对错
- 036　自尊和自卑之间的距离有多远
- 040　太在意他人的看法怎么办

- 044　和女孩相处感到紧张怎么办
- 048　欺凌弱小，一点儿也不帅
- 052　和好朋友总吵架怎么办

青春太迷茫？那就去学习

- 058　学习有什么用
- 062　拖延症犯了怎么办
- 066　讨厌老师，不想学习怎么办
- 070　学习时为什么总走神儿
- 074　考前焦虑怎么办
- 078　没考第一名，就代表不努力吗
- 082　考试失利后不想学习

你的网络生活健康吗

- 088　玩一会儿游戏，就说我是"网瘾少年"
- 092　我的网友究竟是谁
- 096　如何区分网络虚拟和现实
- 100　上网聊天时爱讲脏话，是坏孩子吗
- 104　"朋友圈"里的谎言
- 108　如何善用网络好好学习

身体变化的小秘密

- 114 　我怎么变成"公鸭嗓"了
- 118 　喉结是男人的标志吗
- 122 　悄悄发育的"小弟弟"
- 126 　"小弟弟"不听话怎么办
- 130 　我要不要刮胡子
- 134 　做羞羞的梦是怎么回事
- 138 　遗精是怎么回事
- 142 　"小土豆"的烦恼
- 146 　身上的毛毛怎么变多了

和老爸老妈的"相爱相杀"

别管我!
我要自己做决定

青春对话

刘川:"野外探险的装备,你准备好了吗?你爸同意你去吗?"

李磊:"唉,别提了。他说危险,不让我去。每次都是如此,这也不让我做,那也不让我做。"

刘川:"那怎么办?你是不是不能参加夏令营了?"

李磊:"不管他!参加夏令营是我的事,我自己说了算。原本我还没这么想去,这回他越是不让我去,我还偏要去看看夏令营的野外探险能有多危险。"

问题解读

每个人的成长都会经历叛逆期。处在叛逆期的我们经常觉得世界上没人懂我们,大人的经验不能指导我们的人生,我们自己可以保护好自己,不用大人瞎操心。

很多时候,我们的叛逆并非出自本心,而只是想让父母认可我们的能力,认同我们的选择,或者单纯地想让父母认识到,他们也并非权威,也有错误的时候,而我们的决定是更正确的。事实上,这样的叛逆行为丝毫不能让父母认同我们的能力,反而会认为我们还是那个任性妄为的小孩子,不能周全地考虑问题。

叛逆不是目的,我们在每个叛逆的时刻,内心更需要的是得到父母的认可。所以,我们不妨讲出自己的观点和理由,用严谨、周全的思路说服父母,让他们知道我们能独当一面,这样他们才会更放心地让我们自己做决定。

专家答疑

进入青春期后,为什么我总想和父母对着干

这其实是叛逆心理在作怪,是青春期成长过程中的正常现象,你可以对照自己的情况,看看究竟以下哪些因素是造成你叛逆的"元凶"。

1. 心理因素。进入青春期后,我们的独立意识和自我意识会更强,此时若被父母看低,或被他们当成小孩子,就更易激起我们内心的叛逆情绪。因此,要让父母看到你的独立自主能力,他们就会逐渐减少对你的担心和不必要的约束。

2. 教育因素。如果我们在学校或者家庭中经常被质疑和否定,那么,我们的自尊心可能会让自己变得叛逆,导致我们想和反对自己的人"对着干"。所以,你可以尝试从周围获得更多肯定和鼓励的声音,那时你可能就会发现,自己并不是真的叛逆,只是希望获得认可和赞美。

3. 社会因素。网络新闻、电影、电视剧、网络游戏等社会信息的不良影响,也会导致我们模仿其中的叛逆行为。其实,和父母对着干是不明智的,多接触正能量信息,你会发现成熟、理智、有担当才更了不起。

青春知识 小链接

如何克服叛逆心理，避免与父母之间的矛盾激化呢

1. 与父母建立平等的对话关系。告诉父母自己不是小孩子了，希望能和他们平等地对话交流，请他们不要居高临下地约束你。与此同时，避免用撒泼、耍赖、哭闹等不恰当的激烈方式与父母沟通，尝试彼此尊重，并告诉他们："我们是朋友，来一场朋友之间的平等对话吧！"

2. 向父母要求一定的权利。我们可以从一些小事开始，逐渐向父母要求获得权利，比如自己决定学习哪些特长，自己选择喜欢的衣服，等等，并在选择时说明理由和想法，让父母了解你的成长，逐渐习惯尊重你的选择，从而使你们之间的关系从理解到获得认同，从认同转为支持。

3. 学会正确地使用权利。叛逆心理的产生很多时候是因为我们想通过"对着干"获得关注和认可。那么，我们也需要学会恰当地使用权利，让父母看到你获得权力后的行动力和成果，父母从你的选择中看到好结果，自然会逐渐信任和认可你，给你更多的自由。这样，我们的叛逆心理就会减弱，亲子关系也将更和谐。

两个男人的
沟通方式

青春故事

李磊觉得自己的爸爸很爱说教。平常聊天时,李磊常常觉得爸爸说的很多话并不对,但只要他指出来,想和爸爸探讨时,爸爸总是控制不住自己的急脾气,父子俩总会从和平讨论变成激烈争吵,最后发展成几天的冷战,谁也不理谁。

李磊不知道该如何跟爸爸沟通,无论什么样的对话,到最后都会变成争吵和冷战,这令他十分苦恼,索性不想再和爸爸多说话了。很长一段时间里,父子俩都处于沉默的状态,不知道该如何化解。

问题解读

青春期的男孩开始有了自己的想法和主见,在家庭生活中,往往更倾向于挑战并抗衡父母中更强势的一方,在某些家庭中,这一方往往是父亲。

童年时期,爸爸是带你打球、游戏、将你举高高的存在。进入青春期之后,爸爸似乎变成了打压、批评、不理解你的存在。你困惑于为什么自己没法和爸爸沟通了,又气愤于爸爸的专制,总想和爸爸吵架。

之所以会这样,是因为随着年龄的增长,你和爸爸之间还没有习惯从孩子和男人的相处思维转变成两个男人之间的相处思维。你们之间的沟通缺乏耐心的态度及平等的观念,以致谈话过程充满了火药味。但深入探究，会发现你们之间缺乏的只是沟通上的磨合，只要找对沟通方式，你就会明白，爸爸还是一如既往地爱你。

面对沉默的父爱，我要如何沟通

正确地认识自己的身份和责任，理解和体会爸爸对儿子的依赖和需要。在亲子相处中，不仅孩子需要父母，父母也会依赖和需要孩子，只是作为成年人，他们更不好意思说出口。在与爸爸相处时，你可以用语言或者通过动作与他沟通，一句"爸，您吃不吃苹果"；一次放学回来后热情地搂住爸爸的肩膀，大喊"我回来了！"都能让他感受到你的温暖和依赖，从而使亲子关系在这样的互动中逐渐加深。

主动打破沉默，先迈出一步。青春期的男孩总有自己的骄傲，不想向父母低头，如果你犯了错又羞于道歉，可以学着主动打破僵局，跟父亲沟通。两个男人之间的沟通并不一定需要语言，父子冷战时你轻拍下爸爸的肩膀；吃饭时你先给爸爸递上一双筷子，这样的让步就能缓和矛盾，开启父子之间的话题沟通。

耐下心来是与爸爸沟通的良方。很多青春期男孩与爸爸的沟通总是不顺利，经常处于剑拔弩张的状态，就是因为你们的耐心都比较少。你不妨抓住机会，多次、耐心地向爸爸表达你的想法和愿望，这样你的心声总会被爸爸理解的。

青春知识 小链接

钱锺书与父亲的故事

著名作家钱锺书的父亲钱基博对他的管教十分严厉，直到钱锺书16岁时，父亲还曾因为钱锺书读书不用功而打他。

时值1926年的秋冬时节，钱基博北上到清华任教，寒假时无法返家，当时正在读中学的钱锺书趁着父亲不在家那段时间，荒废课业，沉迷小说。等到钱基博回家考察儿子功课时，钱锺书自然是答得一塌糊涂，挨了父亲一顿狠打。挨了这顿打后，钱锺书才开始勤学苦读，这也为他日后成才打下了基础。

后来，钱锺书考入清华外文系读书，父亲在写给他的信中还提到："做一仁人君子，比做一名士尤切要。"并在信中叮嘱钱锺书要"淡泊明志，宁静致远"，希望钱锺书能成为像诸葛亮和陶渊明那样的人。

常言道："爱之深，责之切。"钱基博正是因为深爱儿子，才对儿子管教得尤为严格。我们为人子者，在埋怨父亲严厉的同时，也要看到父亲沉默的爱背后隐藏的关怀和殷切期盼。

爸爸好像
不爱我

青春故事

李磊觉得爸爸好像不爱他。自从李磊上初中之后,爸爸从来不去给他开家长会,平时对他的成绩也不怎么过问,甚至连他在哪个班级都不知道。学校老师有事情时只会选择和李磊的妈妈沟通,爸爸在李磊的生活里仿佛是一个"隐形人"。无论他是考第一名,还是惹是生非,爸爸好像都不太在意。李磊听一个好朋友说,只要闯的祸够大,爸爸一定会出面,可是他最近在学校闯了不少祸,还是只有妈妈出面和老师沟通,爸爸依旧没空管他。李磊觉得爸爸或许并不爱他,自己对爸爸来说是可有可无的存在。

问题解读

感觉父亲经常忽视自己,也许是每个青春期男孩都有过的辛酸与困惑。很多青春期的男孩认为,随着自己逐渐长大,父亲对自己的关注反而越来越少。不懂自己的心事,不关心自己的变化,甚至在自己闯祸被叫家长时,爸爸也并不会表现得很急切和关心。我们的心中可能会产生疑惑,爸爸是不是不爱自己?

没有父亲是不爱孩子的,只是他们不善于表达自己的情感,表达爱的方式常常不如母亲那样直接和细腻。父亲的爱,往往隐藏在生活的点滴之中,需要我们用心去体会和感悟,你会发现父亲正在默默地支持着你，陪伴着你成长。

你要相信，当你真的陷入危险、无助时，父亲会挺身而出帮助你，做你的靠山。所以，我们无须用叛逆、闯祸吸引父亲的注意力，不妨主动向父亲表达我们的爱。

专家答疑

感受不到爸爸的爱，我该怎么办

每个人的爱，都有其独特的表达方式。或许你与父亲之间的爱的语言并不相同，但这并不意味着他不爱你，只是他的表达方式和你所期望的不同而已。

你可以尝试与父亲进行一次沟通，用平和的语气和诚恳的态度，告诉他你内心的渴望。让他知道你并非责备，而是希望他能更多地关注你，让你感受到那份深沉的爱。

你还可以尝试通过共同的兴趣爱好来拉近与父亲的距离。你们可以一起参与某项活动，享受彼此的陪伴；或者你可以将自己的成就和进步分享给父亲，让他看到你的努力和成长，从而更加关心你。

重要的是，无论父亲是否表达出他的爱，你都要相信，自己是值得被爱、被珍视的。

青春知识 小链接

父爱在青春期男孩成长中的重要性

　　青春期的男孩正经历着生理和心理的巨大变化，我们渴望独立，探索自我，同时也在努力理解和适应成人的世界。在这个过程中，父亲的角色尤为关键。

　　父亲通常是我们接触到的第一个男性榜样，他们的行为和态度对我们的性别角色塑造有着深远的影响。父亲的男性特质，为我们提供了一个参考框架，帮助我们理解并认同自己的男性身份。

　　父爱的重要性并不仅仅在于父亲的存在，更在于父子之间的互动质量。积极、向上的父子关系，可以对我们的成长产生深远的影响。反之，如果父爱缺失或者父子关系紧张，可能会对我们的心理健康和社会适应能力造成负面影响。由此可见，父爱在青春期男孩成长的过程中不可或缺，我们不该因为猜忌爸爸不爱自己，就闹脾气疏远他。

觉得妈妈好烦怎么办

青春对话

刘川
"我妈妈实在太啰唆了,每天都要唠叨我白天要多喝水,我又不是幼儿园的小孩子。你觉得你妈妈唠叨吗?"

"我不觉得我妈妈啰唆。"

李磊

刘川
"我妈每天都要唠叨我一些鸡毛蒜皮的小事。我现在很烦我妈唠叨,一点儿也不想听我妈妈说话。"

"我觉得我妈妈好温柔,是天底下最好的妈妈。"

李磊

刘川
"唉!同一个世界,不同款妈啊!"

问题解读

处于青春期的男孩经常陷入这样的困扰:沉默的爸,唠叨的妈,心烦的学习,暴躁的自己。其中来自妈妈全方位的过度关心,经常令男孩感到心烦和压抑,甚至妈妈的关心有时会突然点燃自己心中暴躁的火苗,导致自己控制不住地向妈妈发脾气。我们总会怀疑,妈妈是不是年纪大了?怎么变得这么啰唆?

事实上,你有没有想过这样一种可能,改变的可能并不是妈妈,而是你自己。因为你逐渐长大,开始渴望独立和自由,所以妈妈像小时候那样对你无微不至地关心,在今天的你眼中就变成了啰唆和烦恼。

我们要学会理解妈妈的关心,不辜负这份爱,在长大的同时,也要将自己耐心、温柔的一面留给妈妈。

专家答疑

为什么我觉得妈妈越来越烦

进入青春期后,你的生理和心理逐渐成熟,认为自己越来越强大,会开始不愿意依赖妈妈,希望独立处理事情。此时,妈妈无微不至的关心在你眼中就变成了烦人。

青春期的男孩对父母的控制欲更为敏感,不喜欢自己像小时候那样受控于父母。而在家庭教育中,往往妈妈比爸爸参与管教孩子的时间更多,母子之间对抗的机会更多,我们就容易将怨气发泄在妈妈身上,觉得妈妈很唠叨。

在青春期这个阶段,男孩的独立精神开始觉醒,但又还不具备完全独立处理问题的能力。独立心理和能力不足之间的矛盾,导致我们一方面不想妈妈过度干预自己,另一方面又无法完全脱离妈妈的帮助。我们的这种矛盾心理就容易转变成厌烦情绪,发泄在妈妈身上。

进入青春期后,男孩还会出现叛逆心理,叛逆心理令你觉得被妈妈管束很没面子,于是觉得妈妈的唠叨越来越烦,甚至开始故意和妈妈顶嘴。

青春知识 小链接

青春期男孩表现出叛逆的主要原因

青春叛逆期是每个男孩成长过程中的一个关键阶段。在这个阶段,男孩们开始逐渐褪去童年的稚嫩,迈向成熟。然而,这个过程中也伴随着许多挑战和冲突。

1. 青春叛逆期的男孩渴望得到更多的自由和独立,不再满足于被大人指导,而是希望根据自己的意愿和判断来做出决策。这种独立意识可能会导致我们与大人产生矛盾和冲突,拒绝接受他人的意见或建议。

2. 青春叛逆期的男孩开始质疑和挑战权威,怀疑传统观念和价值观,并试图寻找自己的信仰和追求。我们可能会对学校的规章制度、家庭的期望和社会的规范产生怀疑,并在行为上表现出反抗和不服从的倾向。

3. 青春叛逆期的男孩自我调节能力较差,在面对压力和挑战时,容易感到焦虑、沮丧或愤怒。这种情绪波动可能会使我们在行为上表现出冲动和不稳定的特点。

我是不是有"恋母情结"

青春故事

李磊已经上初中了,但他还总像小时候那样黏着妈妈,喜欢抱着妈妈说话,或者在特别开心的时候给妈妈一个大大的吻。在李磊看来,他像小时候一样和妈妈亲密,并没有什么不妥。但好朋友刘川看到他们母子的相处方式后提醒李磊,并问他是否有"恋母情结"。刘川的提醒让李磊十分在意和纠结,他感到忐忑和焦虑,自己这样做算恋母吗?

问题解读

我们小时候都喜欢黏着妈妈,觉得妈妈是全世界跟自己最亲的人。孩童时期,我们会用拥抱、亲吻、依靠等肢体接触表达对妈妈的喜爱,这些行为或心理上对妈妈的依赖让我们感觉安全和舒服。但随着年龄的增长,我们开始困惑,自己能否还像小时候那样依恋妈妈?自己还是喜欢黏着妈妈,搂抱、亲吻妈妈,这算不算恋母呢?

无论是男孩还是女孩,依恋母亲都没有错。但随着年龄的增长,进入青春期之后,男孩需要逐渐养成自主意识,培养自己的阳刚之气。正确地认识自己的发育和成长,学会减少对母亲过度的依赖和亲昵,也是青春期男孩的必修课。

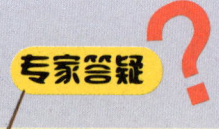

青春期男孩的哪些表现能说明有"恋母情结"

1. 排斥与其他异性接触,只关注母亲。恋母是每个孩子都可能会出现的状况,随着年龄的增长,我们和妈妈的亲密关系就会渐渐减弱。如果男孩在成长中明显地不愿意接触除妈妈外的异性,则需要注意自己的心理问题。

2. 过分黏妈妈,喜欢和妈妈有一些亲密的肢体接触。男孩小时候喜欢和妈妈有一些亲密互动,比如拥抱、亲吻,但随着年龄的增长,这些亲密行为会减少。如果青春期男孩还喜欢和妈妈有较多肢体方面的亲密动作,则要考虑是否过度恋母。

3. 严重的恋母情结也会导致男孩神经焦虑,出现烦躁、不知所措、心悸、多汗等焦虑症状,如果男孩在和妈妈相处时有这些不寻常的神经症状反应,则要考虑是否过度恋母。

为什么有些男孩会有"恋母情结"

"恋母情结"也被称为"俄狄浦斯情结",它并不是一个罕见的现象。每个男孩在3岁左右的时候,都会存在恋母情结。这一阶段,男孩从婴幼儿向儿童阶段发展,已经能够注意到自己的身高、外貌、性别等与他人的区别,并能区分父母的不同性别,男孩开始更喜欢与妈妈相处,在与妈妈的相处中,男孩的人格不断构建完善。

男孩进入青春期后,身心发展出现较大的变化,开始对异性向往,对性知识好奇,这种向往和好奇都是正常的,但是部分男孩因为缺少性知识,就容易在观念上发生偏差,把自己对这方面知识的渴求转移到妈妈身上,产生一些心理健康问题。如果男孩发现自己可能有"恋母情结"方面的困惑,不可放任不管,要进行心理干预,及时纠正不良观念,才能保证自身身心的健康发展。

今天也好想离家出走

青春对话

刘川:"我考试成绩这么差,我爸一定会骂我的!我要离家出走。"

李磊:"哥们儿,我劝你想清楚,离家出走解决不了问题,外面的社会危险重重。发现问题还是要勇敢面对,没有过不去的坎儿。"

刘川:"哟!你还会开导我了?听说你上周离家出走,被你妈妈抓回来了?"

李磊:"唉!往事不要再提,我这不正用过来人的经验规劝你嘛!"

问题解读

青春期的男孩经常会面临很多压力,如学习上的困难、与同学相处产生的摩擦、与父母意见上的分歧……这些成长中的难题经常令我们感到气愤、难过,可能有时候我们明明很努力,却还是没办法把每件事情都处理好。当这些令人沮丧的瞬间经常出现时,我们会希望逃离眼前的困难和失败,于是,有些男孩就产生了离家出走的想法。

其实,离家出走是不明智的。你要明白,离家出走只是短暂地、懦弱地回避问题,带来的不良后果却往往是年少的我们难以承受的。

没有谁的成长是一帆风顺的，我们不能遇到一点点困难就想着逃避，只有学会迎难而上去解决问题，才能逐渐成长起来。我们要放下离家出走的想法，把你的困难向父母、老师倾诉，相信他们总有方法能帮你解决困难，教你直面成长的风浪。

专家答疑

进入青春期后，为什么我会有离家出走的想法

1. 青春期男孩的内心较为敏感，在与父母相处中若遭受一些挫折和委屈，就容易胡思乱想，且会把自己的难过情绪不断放大，从而产生离家出走的想法。

2. 青春期的男孩渴望独立、自由，具有叛逆心理，认为自己能力很强，靠自己能解决很多问题。所以，当与父母意见不合时，就急于采取离家出走这种方式来脱离父母的掌控。

3. 父母过于严厉的教育方式，也会引起男孩的反叛心理，让我们想通过离家出走这种方式逼迫父母妥协或改变教育方式，通过让父母着急的方式争取父母对自己的宽松对待。

4. 家庭气氛紧张，父母经常吵架。男孩在家庭中感受不到温暖，也容易萌生离家出走的念头。

青春知识 小链接

青春期男孩该怎么消除离家出走的念头

离家出走绝不可取，外面的社会远比我们想象得复杂。青春期的男孩虽然正逐渐长大，但远没有到能独立面对人生困境的时候。如果此时你有离家出走的想法，那么你不妨冷静下来，试试下面这些对策，相信能帮你走出困境。

1. 切忌冲动行事，认识到离家出走的危险性。青少年过早离家步入社会，可能会遇到拐卖、诈骗等各类违法犯罪事件，我们要对自己的人身安全负责。

2. 学会转移注意力，先平复情绪，再理智分析当前的问题。你要明白，离家出走不会解决麻烦，只会制造麻烦。面对问题时不要逃避，要寻找问题根源，勇敢地解决它。

3. 心平气和地和父母谈谈，让父母理解你的内心世界，积极化解自己与父母的冲突。

4. 向朋友、老师等周围人倾诉你的心声，寻求开导和解决办法。如果周围有人怂恿你离家出走，或者表示要同你一起离家出走，那么你一定要严词拒绝，远离怂恿你做错事的人。

贰

我和我的朋友们

我想跟你说"不"

青春故事

李磊最近正为一件事烦恼。刘川偶尔会叫着他一起逃课去网吧打游戏。这种逃课打游戏的经历让他心里特别忐忑,既怕被老师抓到挨批评、叫家长,又怕如果拒绝刘川,显得自己不合群。最重要的是,李磊觉得自己和刘川是好朋友,如果他不和刘川一起逃课去打游戏,那么他们之间的关系可能会变糟。李磊不知该如何拒绝刘川的邀请,又不伤彼此之间的和气,这令李磊十分苦恼。

问题解读

很多男孩可能都有李磊这样的经历,明明知道朋友的要求不合理,但是碍于面子,碍于友情,而没法坦然地说"不",不敢或不知道如何拒绝对方。

首先,我们要知道,和人打交道也需要技巧,并不是自己一味地顺从就能获得坚固的友谊,真正的朋友是彼此尊重,共同进步,一起变得更好。所以,面对朋友明显错误的要求,我们要敢于拒绝,并且也要劝朋友"回头是岸"。

其次,有些人的自我意识比较强,他们可能并没有意识到自己是在强迫你做你不想做的事,这就需要你直接拒绝,清楚地表达自己的想法。朋友之间只有坦诚相待,才能相处得舒服,友谊才能更长远。

专家答疑

遇到周围人提出无理要求时，我该怎么办

明辨是非，分辨对方提出要求的动机并做出分析。如果你认为确实不应该相帮，就可以说明自己的苦衷，表示爱莫能助。

掌握拒绝他人的分寸。如果对方提出的要求会给你带来严重的影响和不便，则要明确地拒绝对方。避免模棱两可的态度，以免导致对方误会，从而让双方陷入僵局和尴尬。

拒绝他人时语气要温和，给对方留面子。可以用委婉的话语或者一些得体的借口拒绝，避免伤害对方的自尊心，让对方知道你有自己的难处，你的拒绝也是无奈之举。

青春知识 小链接

男孩遇到校园暴力的应对策略

除了学会向朋友、同学说"不",我们在面对校园暴力时也要学会拒绝,掌握正确的应对方式。下面这3种应对校园暴力的方法,你一定要知道。

1. 日常上学放学尽量不独自行走,多和同学结伴。万一遇到校园暴力事件,要互相帮助,团结一致地抵御危险。

2. 身陷校园暴力险境时,要及时求援,不和坏人硬碰硬。面对施暴者的威胁、挑衅、纠缠,要及时向家长、老师、警察及周围群众求助。

3. 若遭遇校园暴力,不要因为害怕而"私了",那样只会助长施暴者的嚣张气焰,从而使自己遭受更长期的纠缠和欺压,要勇敢地告诉家长、老师,或者报警处理。

另外,平时要注意财不外露,不张扬、不炫富,以避免引起校园勒索和施暴者的注意,避免遭到校园暴力群体的纠缠。

讲义气
也要分对错

青春故事

刘川最近特别感激李磊，好在李磊及时劝住自己，才使自己免去一场大祸。

上周，刘川因为争抢篮球场地和三班几个男生发生了争执，双方相约放学后到学校后门打一架，凭输赢决定篮球场的使用权。刘川本想拉着李磊一起去打架，结果被李磊劝住了。没想到，三班那几个男生和另外几个男生在篮球场打了起来，参与打架的双方不但受伤住院，还都被学校记大过处理。听到这个消息的刘川暗自庆幸自己没有去"应战"，不然被记大过的就是自己，他十分感激李磊没被"义气"冲昏头脑，及时劝住了自己。

问题解读

处于青春期的男孩对友谊的认知常常很单纯，觉得称兄道弟"讲义气"，才是真朋友，并经常因所谓的义气而使自己陷入危险的境地。这其实是一种缺乏理智的友谊观念，并不可取。

友谊影响着我们"三观"的形成，交朋友一定要明善恶、辨是非，考虑现实，而不要意气用事。其实，真正的朋友不会利用友谊威胁你去犯错，也不会找你代人受过。

如果朋友让我帮忙做坏事，我应该如何应对

朋友之间讲义气，更要讲底线。如果朋友找你帮忙做的事是消极的、不正义的，那么你一定要勇敢地拒绝，同时及时制止你的朋友犯错。

朋友做错误的事情时，身为朋友的你要及时劝阻，给朋友分析利弊，给朋友讲道理，用你的理智、冷静、真诚和关心，让朋友终止犯错，避免酿成更严重的后果。

如果朋友在错误的道路上一意孤行，还用友谊、义气这些理由强迫你一起犯错，那你就要学会"及时止损"，远离这个朋友，不和没有底线的人继续交往。因为好的友谊是携手进步，而不是将彼此拉进深渊。

青春知识 小链接

男孩如何更好地守护自己的友谊

1. 尊重他人，懂得关注朋友的感受。在与朋友相处时，我们要学会站在对方的角度思考问题，会为他人着想的人才能收获更真挚的友谊。

2. 选择志同道合的朋友，学会择善而从。友谊是互相尊重，但绝不是一味包容。只有选择和自己志趣相投、品格优秀的朋友，友谊才能更稳固长久。

3. 不强迫他人为自己改变。好的友谊是不强求朋友为自己改变的，接受朋友的选择和爱好，不利用友谊，学会尊重朋友的权益。

4. 有同理心和同情心，在朋友有难时能及时伸出援手，懂得体谅他人，这样自然能收获更坚固的友谊。

自尊和自卑之间的距离有多远

青春故事

李磊最近的梦想是得到一双比刘川的限量版球鞋还炫酷的新球鞋。为此他向爸爸妈妈请求了很久，可是他们就是不打算给他买。爸爸拒绝的理由是限量版球鞋太贵了，李磊还是个中学生，穿着它不合适。妈妈则直接告诉李磊要好好学习，不要总攀比，并问李磊是否看到刘川的新球鞋后才闹着想要的。

没得到新鞋的李磊最近都不跟同学们打球了，他因自己没有好的球鞋而感到很丢人，就连路过球场时都感觉自己在被其他同学嘲笑。过强的自尊心让李磊陷入了自卑又烦躁的状态。

问题解读

通常来说，一个人自尊心强烈，希望自己在各个方面都比别人优秀，说明这是一个追求进步、知道上进的人。但是如果一个人在不合适的地方过度自尊，就会引起其潜意识里的自卑感。

像李磊这样，刘川给他看球鞋的本意只是好朋友之间的分享，希望得到他的赞美，可李磊不但为了维护自尊心而谎称自己也有，后来还因为自己没有一样耀眼的球鞋而不再去打球，这就说明自卑感已经占据他的内心。

真正的自尊是尊重自己，用平常心看待朋友的分享和炫耀，而不是在比较中获得虚假的自信。因此，只有学会区分自尊和自卑，我们才能不卑不亢地与人交往。

应该如何区分我是自尊还是自卑

自尊是一个人由内而外的自我尊重，是一种内心强大、健康的心理状态。有自尊的人既不会卑躬屈膝地讨好他人，也不会允许他人歧视和侮辱自己。

自卑是一个人内心软弱、怯懦在行为上的折射。自卑的人在遇到比自己优秀和条件好的人时，会产生卑微情结，惯于将自己的缺点和他人的优点做比较，进而产生强烈的失落、自我厌弃的情绪。

自尊的程度有强弱的区别。高自尊的人为了赢得他人的尊重，会踏实地努力拼搏，肯定自己的优点，行事体面且有尊严。过于自尊就会产生虚荣心，进而引发自卑。

为了面子而违心地去做一些事来换得他人的尊重，这也是一种自卑的体现，说明你过于在意他人的评价，存在不自信、执念重等问题，是一种脆弱和缺乏安全感的表现。

自尊而不自卑的人，会把自己的感受和快乐放在首位，自信且坚强，进退有度，不刻意讨好强者，也不会与之比较。

自卑感测验

以下是一个关于自卑程度的小测验，请你真实地回答以下问题，进行自我测验。

评价标准：上述题目由低到高计分0~5分，总得分越高，则表明自卑感越强烈。

完全不符合，计0分；很不符合，计1分；较不符合，计2分；较符合，计3分；很符合，计4分；完全符合，计5分。

1. 你感到自己无法把事情做好吗？
2. 你感到自己缺乏优秀品质和能力吗？
3. 你是否经常自我厌弃？
4. 你是否经常担心做错事会被他人批评？
5. 你是否经常感到紧张、缺乏安全感？
6. 当你遭遇挫折时，你会常觉得命运不公平吗？
7. 你是否经常担心被他人嫌弃或讨厌？
8. 你是否经常因为外界的评价而感到焦虑不安？
9. 当你很重视某项活动，希望自己能有优秀表现，同时其他人也在关注此项活动时，你会感到忐忑不安吗？
10. 你经常害怕犯错或失败吗？

太在意他人的看法怎么办

青春故事

最近刘川开始特别在意他人对自己的评价。比如：新买的书包，因为被同学说款式幼稚，所以他就不想背了；有一件春季外套，因为被好几个同学夸好看，所以直到夏天他都不舍得换；有同学开玩笑说他跑步姿势难看，所以他体育课上就开始讨厌跑步；甚至同学们聚在一起聊天偶尔提到他的名字时，他都要上前听听同学在说什么。

刘川觉得自己太在意他人的看法了，而这种感觉让他一点儿都不开心，经常忧心忡忡的，担心自己做错什么而被同学品头论足。

问题解读

青春期的男孩因为独立和自我意识的增强，开始关注外界对自己的看法和评价。我们希望自己在外人眼里是个闪闪发光的人，一句夸奖能让自己高兴好一阵子，一句批评又能让自己耿耿于怀好几天。有时我们努力照着他人希望的方向去做，希望获得称赞，但结果往往不尽如人意，因为一个人很难让所有人都满意。

这种对他人看法过度在意的心理，很容易使人陷入自卑、悲观、不自信的怪圈。其实，每个人观察世界的角度都不同，我们没必要赢得所有人的掌声。我们只要踏实做好自己就好，相信那些懂得欣赏你的人，一定能看到你的独特和优秀之处。

专家答疑

为什么我会控制不住地在意他人的看法

男孩进入青春期后，开始更加关注自己在他人眼中的形象，以及他人对自己的看法。这种关注可能源于多种因素，包括社交需求、自尊心的发展以及对未来身份的塑造。

青春期男孩的社交需求增强，我们渴望与同龄人建立联系和获得认同。他人的看法成了一个重要的参考指标，我们会通过观察和解读他人的反应来评估自己的社交状况。

受自尊心影响，我们开始更加关注自己的能力和价值，并希望得到他人的认可和赞赏。因此，我们可能会过度解读他人的评论和反馈，将其视为对自己能力和价值的直接反映。

青春期的男孩正在探索自己的兴趣、价值观和目标，并试图找到自己在社会中的位置。在这个过程中，我们会根据他人的期望和评价来塑造自己的行为和形象。

对于青春期男孩来说，在意他人的看法是一种正常的心理现象。但是，过度在意他人的看法可能会使我们依赖他人的认可来证明自己的价值，忽视自己的内心需求，失去自我认同感和独立性。

青春知识 小链接

如何改变过度在意他人看法的心态

在人际交往中,我们常常会过度关注他人的看法,试图迎合他人的期望,而忽略了自己的内心需求和真实感受。然而,真正的自我认同并非建立在他人的评价之上,而是源于对自己深入的了解和接纳。学会平衡对他人看法的关注和发展自我认同是非常重要的。

1. 相信自己,平时多给自己积极的心理暗示,告诉自己"我最棒""我能行""我可以做好"。

2. 做事多一些耐心,循序渐进地去完成每件事,不要杞人忧天地担心还没有发生的错误,要相信自己有独立做好每件事的能力。遇到问题时就逐一突破解决,不焦虑、不自我贬低。

3. 客观面对自己的不足,认识到人无完人,接受挫折和失败,再勇敢地去解决问题。

4. 坦然地面对挫折和失败。接受自己的不完美,不过度苛求自己,遇到难以逾越的困境时,要积极向同学、老师、家长求助。不要担心自己做不好,要相信只要勇敢去做,不断改正错误,就能成功。要记住:他人的评价和看法只是你进步路上的提醒和助力,并不是阻力。

和女孩相处
感到紧张怎么办

青春故事

刘川最近只要和女生相处就紧张、脸红，甚至话都说不利索，一直结结巴巴的。每次和班里的女生交流时，他就开始脸发烫，心脏也"怦怦"跳。刘川不知道自己这是怎么了，只觉得这种感觉很不对劲儿，但又不知道该如何向他人表达自己的这种感受，他有些不敢和女生说话了。

问题解读

进入青春期后，男孩可能会发现自己对异性的好奇心增加了，开始不自觉地关注女孩，希望在女孩面前展现自己帅气、美好的一面，同时又开始纠结忐忑：要不要跟女孩多接触？和女孩说话，其他同学会怎么看自己？一和女孩相处就紧张该怎么办？

其实，每个大人都是从这样懵懂的青春期成长起来的。我们之所以看见女孩就脸红、心跳加速，甚至紧张、结巴，只是因为我们的身心发育在作怪，等我们的身体逐渐发育成熟，面对女孩的紧张现象就会逐渐消失。所以，你不要太在意自己在女孩面前的表现，把注意力放在更丰富多彩的事情上，努力提升自己。当你对自己有信心时，你就会更加自信、自然地和女孩交流，这样也会让你更加具有吸引力。

专家答疑

为什么我一跟女孩说话就紧张、结巴

青春期阶段的男孩在与女孩接触、交流时出现紧张、脸红、结巴，都是正常的心理和生理反应，你并没有身心健康方面的问题，不要为此担心。

首先，青春期男孩和女孩说话时脸红、紧张，是由于这个阶段你的性心理逐渐成熟，开始对异性产生好奇心，渴望了解和接触女孩，但害羞心理导致你体内的去甲肾上腺素等激素分泌，才使你心跳加速、脸红。

其次，很多青春期男孩在与女孩接触时心理是矛盾的：一方面对异性充满好奇，希望获得对方的关注，另一方面又担心自己过于主动而没有面子。在这种既渴望交流又排斥对方的矛盾心理的作用下，就会有紧张、脸红、结巴，甚至刻意疏远和不搭理女生的表现。

青春知识 **小链接**

青春期男孩如何大方、自然地与异性相处

1. 淡化性别意识，正确地认识异性，在尊重女孩的前提下，和男孩如何相处，就和女孩如何相处，不回避，不刻意。

2. 多了解女孩，减少对异性的好奇心，不要惧怕和女孩交流，战胜害羞心理，以共同学习、共同进步、分享交流为基础，自然地与女孩互动。

3. 多参加有女孩参与的团体活动，习惯与女孩相处，从而循序渐进地克服一见到女孩就紧张的心理。

4. 和女孩保持恰当的距离，避免过多肢体接触；避免在与女孩相处时胡思乱想，保持平常心。

欺凌弱小，
一点儿也不帅

青春故事

看了几本热血漫画书的刘川觉得书中大侠们锄强扶弱的举动实在令人向往,自己也想试试当英雄的感觉。考虑到自己打不过高年级的同学,刘川便把主意打在了帮学弟、学妹出头,顺便收保护费上面,拉着朋友组成"正义小分队",准备有组织地帮低年级同学打抱不平。没想到刘川的英雄梦出师未捷,却先被班主任抓个正着,挨了批评并罚写检讨书。最终,在老师和家长的教育下,刘川认识到自己拉帮结派、欺负弱小、收保护费的行为一点儿也不"大侠",甚至十分幼稚、可笑和危险。他也为自己的行为感到深深的自责。

问题解读

很多青春期男孩都有英雄梦,有的男孩企图通过打架这种方式在群体中获得崇拜和地位,甚至有的男孩企图通过欺凌弱小来寻找优越感和存在感。

然而,一个人仗着年龄和身体的优势去欺负弱小,并不是英雄的表现,恰恰反映出他的外强中干,是懦弱的体现。同时,一个人如果只会用拳头和暴力解决问题,也说明他在智力和情商方面存在短板,不是智者,而是莽夫。

我们要知道,人与人之间是平等的,真正优秀、帅气、有内涵的人不会仗势欺人,也不会欺凌弱小。作为男孩,你的帅气可以用善良、正义、包容等很多方式来展现。

专家答疑

为什么有的男孩喜欢欺凌弱小

有的青春期男孩欺凌弱小是为了获得更多关注。他们希望通过这种行为引起老师、同学和家长的注意，获得更多目光和关注。实际上，他们越是欺凌弱小，越会让人远离他，这并不是吸引他人关注的正确方法。

有的青春期男孩受影视剧、小说、漫画等影响，认为欺凌弱小是展现自己男子气概和魅力的方式，是一种帅气的行为。然而，这只是虚荣心在作祟，是一种很幼稚的行为。随着逐渐长大，我们的"三观"也逐渐完善，就会意识到，欺凌弱小是不成熟的表现。

有的青春期男孩希望通过欺凌弱小受到周围人的崇拜，从而在小圈子、小团体中建立自己的地位和荣誉。但是，我们要理性地认识到，这些靠拳头获得的尊重和崇拜都是虚假的。想要真正受人尊重和崇拜，要靠自身强大的能力和价值。

青春知识 小链接

破窗效应

1982年,美国的詹姆士·威尔逊和乔治·凯琳共同提出了"破窗效应"理论。该理论的具体内容为:一幢建筑物的窗户如果被打坏,而该窗户又没能得到及时维修的话,人们就容易受这些示范性动作的引导,而去打坏建筑物上更多的窗户。久而久之,这些破损的窗户会给人造成一种无序感,会让公众对破坏它变得麻木,于是犯罪行为就会开始滋生。也就是说,如果对环境中的不良现象放任不管,会诱使更多人变本加厉地效仿。

人际交往中也存在"破窗效应"。如果一个人在群体中被欺凌而未拒绝和反抗,就会逐渐有更多人在"破窗效应"和"从众心理"的作用下加入欺凌的队伍。所以,如果男孩遭受他人欺负,一定要第一时间反抗,表明自己强硬、拒绝的态度,切勿因为一时害怕而纵容他人的欺凌行为。

和好朋友总吵架怎么办

青春故事

最近,刘川和好朋友李磊经常吵架,且每次吵架都是因为一些鸡毛蒜皮的小事。比如,忘带坐车的零钱,弄坏了对方的笔记本,甚至因为一碗面里的鸡腿,两人都可能吵上几句。每次吵架时,刘川看李磊越来越不顺眼,甚至想到了绝交。但每次吵架过后,刘川想起两个好兄弟一起打球、游戏的时光,又觉得很后悔,毕竟本身也没有多大的事,为什么自己总忍不住吵架呢?

刘川不知道该怎么向李磊求和,也不知道怎么才能不再吵架。这些困扰一直萦绕在刘川的脑海里,使他烦恼不已。

问题解读

进入青春期后,男孩会出现内心敏感、情绪不稳定的状况。在友谊中患得患失、与好朋友一言不合就争吵不断、因为鸡毛蒜皮的小事发生矛盾,这都是青春期男孩之间的常态。

青春期就是这样一个奇妙的成长阶段,我们会变得敏感、暴躁,控制不住自己的情绪。有时候并不是真的想和朋友吵架,只是在生理和心理的成长作用下,为了面子问题,说了一些伤人的话,又很难先低头和认错。

青春期的男孩们,当你与好朋友在相处中,因为一些小事感到愤怒时,不要乱发脾气,要学会控制自己,做情绪稳定的人,用更平和的心态与朋友交流,友谊才能更加长久。

专家答疑

和好朋友吵架、闹矛盾时，我该怎么办

当你意识到两个人开始争吵，自己的脾气和情绪难以控制时，你要尽快停止争吵或行动，避免说出过激的话或做出过分的行为，伤害彼此的友谊。

待情绪稳定后，你要站在客观的角度分析为什么会吵架，找出吵架的根源。如果是自己的错误，你就要勇于向好朋友认错；如果发现是对方的错误，你要心平气和、开诚布公地和对方沟通，说出自己的想法，不要埋下误会的种子。

就事论事，吵架时不翻旧账。要知道，你的首要目标是解决当下的问题，而不是制造新的矛盾。我们应该有宽容、大度的美好品质，不将怨恨的种子埋在心底。

如果正在气头上，不如做一些别的事情来转移注意力，比如听歌、做运动，先自己化解愤怒，等双方都心平气和后再通过沟通解决问题。

青春知识 **小链接**

青春期男孩的沟通原则

处于青春期的男孩经常是敏感又冲动的，常常会因为一点儿小事和他人吵起来，这主要是因为没有掌握良好的沟通技巧和方法。男孩们要想更好地处理人际关系，避免无谓的争吵，不妨试试下面这6条沟通原则。

1. 多谈论对方熟悉和感兴趣的话题。

2. 多谈论有益于对方的事。

3. 带着欣赏和赞美的语言与对方沟通。

4. 学会倾听，多听少说，关注对方的情感需求。

5. 多问少说，给对方更多表达和展示的机会。

6. 多谈论让彼此觉得愉快而轻松的话题。

叁

青春太迷茫？
那就去学习

学习有什么用

青春故事

最近,刘川厌学的情绪很强烈,枯燥的数理化课程,写不完的练习卷,让刘川备受折磨,他提出了这样的疑问:学习到底有什么用?出门购物用不到那么难的几何、代数知识,日常生活也不必熟背元素周期表,很多考试内容可能以后一辈子都不会用到,那学习知识究竟有什么用呢?刘川的理想是以后出道当明星,他认为现在每天学习的内容似乎对他的理想一点儿帮助都没有,那自己为什么还要这么辛苦地学习呢?

问题解读

很多青少年在面对沉重的学习压力时,都产生过和刘川一样的疑问,那些艰涩深奥的课本知识,在日常生活中好像并没什么用处,自己的理想规划也和面前枯燥的学科知识毫无关联,那学习究竟有什么用呢?我们能不能不这么辛苦地学习?

如果将学习比作盖房子,中学时期我们学习的内容就相当于房子的地基,地基的牢固程度决定了房子的高度。今天的每一门学科都和社会生活紧密联系。你如果未来做演员,就需要有对剧本的阅读、分析能力,即需要打好语文基础;你如果想做游戏解说员,就要有较强的数据分析、逻辑推理能力,即要学好数学;等等。

学习从来不是为了家长和老师，而是为了你自己。当某天你想要去更高、更远、更精彩的地方时，你就不会因为知识储备不足和学历不够而被困住，这就是今天你学习的价值和意义。

专家答疑

缺乏学习积极性，我该怎么办

明确学习的根本目的，给自己设立学习目标。学习是为了让自己获得知识，从而使自己未来拥有更美好的前途和更多人生可能性。缺乏学习热情时，你可以给自己设立一个长远的学习目标，以目标为导向，制订当前的学习计划。

将自己的兴趣爱好与平时的学习联系起来。兴趣是最好的老师，对学科充满兴趣，可以帮助你明白为什么要学习。比如，你对天文知识感兴趣，就要知道天文和物理、数学这些基础学科密切相关，从而将自己的兴趣爱好与学科联系起来，增强学习的动力。

转变心态，不要把学习当成一项硬性任务，要让自己保持对未知事物的好奇心。并且要明白学习是个不断探索、发现的过程，而不是枯燥的考试、排名。在学习的过程中，你会体会到收获和进步的快乐和满足感，用学习充实自己的生活，你就能逐渐懂得为什么要学习。

青春知识 小链接

横渠四句

北宋时期的张载是著名的思想家、教育家,理学创始人之一,被当时的学者称为"横渠先生"。

张载曾有著名的"横渠四句":"为天地立心,为生民立命,为往圣继绝学,为万世开太平。"这4句话的意思是,要努力探求天地真知,努力为天下百姓谋求幸福,要继承古代先贤的思想文化精髓,要为开创一个万事太平的和谐社会而努力。很多伟人曾引用这4句话,以与后辈共勉。

我们正值青春年少,当在学习中感到迷茫、失去目标时,不妨想想"横渠四句",找到自己努力学习的意义和方向,坚定努力学习的信念,才不负青春好时光。

拖延症犯了怎么办

青春对话

刘川:"你的暑假作业写完了吗?"

李磊:"唉!别提了,昨天我补作业到半夜两点。"

刘川:"同病相怜,我补作业到半夜一点。"

李磊:"是啊!拖延症到底有没有救?感觉我好像改不过来了。"

问题解读

你是不是也经常懊恼,为什么自己会习惯性地拖延呢?

其实,拖延心理很常见,这主要来自大脑的懒惰。我们的大脑经常会被更简单且有趣的事情吸引,惰性思维让我们懒于去完成复杂、有难度的事情,于是拖延的情况就出现了。另外,外界的催促会使我们产生逆反心理,从而也会导致拖延。比如,父母或老师越是催促我们,我们的动作就越慢。

还有些人的拖延则是因为完美主义作祟,他们因为担心做事不能达到完美状态,惧怕有瑕疵,担心产生不好的后果,便索性不做,即通过拖延来逃避现实。

不过,你并不必对此感到特别担心,正处于青春期的我们尚缺乏自控力,没有完全养成制订学习计划和进行自我管理的能力，但这些都是可以改的。只要我们认清拖延症的危害，及时改掉这种坏习惯，拖延症就不可怕。

专家答疑

我该如何克服拖延的坏习惯

正视拖延症，列出自己所有拖延的借口，并同步明确拖延会带来的坏结果。

分析自己出现拖延症的原因，并对症下药地去纠正，同时避免对自己说"等一会儿""到整点就去做"这类话。

将自己每天的学习内容按照时间列个细化的任务清单。合理规划时间，按照既定计划推进学习任务，每完成一项就划掉一项，增加自己的成就感。

养成做事有始有终的好习惯，一旦开始做一件事，就要努力坚持完成，不半途而废。

客观地认识自己的能力，不做好高骛远的计划，避免超纲计划给自己带来过大压力，学会一步一个脚印地执行计划。

青春知识 小链接

胡适留学日记

不只我们有拖延症，就连像胡适这样的名人，年轻时也有拖延的毛病。胡适在《胡适留学日记》里就记载过他沉迷打牌，拖延学习的经历。

　　7月4日　新开这本日记，也为了督促自己下个学期多下些苦功。先要读完手边的莎士比亚的《亨利八世》。
　　7月13日　打牌。
　　7月14日　打牌。
　　7月15日　打牌。
　　7月16日　胡适之啊胡适之！你怎么能如此堕落！先前订下的学习计划你都忘了吗？子曰："吾日三省吾身。"不能再这样下去了！

1911年6—9月，当时正在留学的胡适刚学会打牌，每天都在兴头上，沉迷于打牌。后来，胡适痛定思痛，重拾学业，并且及时进行了自我反省，克服了拖延症。

我们日常在学习上难以避免偶尔的拖延，但需知道"明日复明日，万事成蹉跎"，所以要及时克服拖延，珍惜时间。这样，我们在未来才能实现理想，也才有能力拥抱更广阔的世界。

讨厌老师，
不想学习怎么办

青春故事

因为刘川最近课上看漫画被抓现行,所以班主任没收了他的漫画书。他几次想要回漫画书,都被班主任驳回,他开始讨厌班主任,甚至一上班主任的语文课,刘川就排斥,并且经常不写语文作业。

这次语文考试,为了和班主任对抗,刘川交了白卷。刘川本以为自己能看到班主任被气得发绿的脸,没想到她居然和风细雨,甚至要放学给他补课。刘川觉得自己的对抗不是很奏效,并开始疑惑:我这样因为讨厌班主任而厌学,是否做错了?

问题解读

青春期的男孩不但敏感、易暴躁,甚至还有点儿记仇,对于校园生活中一些小摩擦和不如意,都可能在心中不断放大,而自尊和自负心理又会让我们觉得自己没错,从而将错误都归咎于他人。

就像刘川一样,明明是自己不对,但内心却将错误推到老师身上,为自己的任性和抵触学习找借口。不要用自我放弃的方式去故意气老师,这样到头来受伤害的只有我们自己。

成长路上不可能事事顺心,并且还要明白"良药苦口利于病,忠言逆耳利于行",真心帮你指出问题的人,能助力你走得更好更远。

专家答疑

如何化解讨厌老师，不想学习的负面情绪

透过现象看本质，理解老师的良苦用心。有的老师比较严厉，可能批评过你，但老师的初心是好的，都是希望你能学得更好，早日成才。因此，我们不妨换个角度看问题，试着理解老师的良苦用心。

理智地沟通，不让坏情绪主导自己。即使你不喜欢某位老师，也不要带着抵触情绪去听课和学习。如果有什么不满和疑问，你都可以直接与老师、家长沟通，就事论事地解决问题。

不要把对某学科学习的抵触心理转移到老师身上。在学习上遇到困难时，我们要积极地找老师沟通，主动寻求帮助。避免出现因学习成绩差，继而讨厌老师，导致自己更不想学习的恶性循环。

正视老师的批评和意见，积极改正。控制自己的叛逆心理，不要为了和老师对着干而故意不学习。

青春知识 小链接

亲其师，信其道

古语云："亲其师，信其道；尊其师，奉其教；敬其师，效其行。"意思是说，一个人只有亲近和尊敬自己的老师，才会相信他讲授的知识和道理，才会乐于效仿老师的行为。这段话揭示的道理很简单——师生关系对学生学习有重要的影响，只有师生之间保持良好的关系，学生才能有好的情绪去积极地学习。

我们一生会遇到很多老师，没有哪个老师会跟随我们一生，但是老师传授的知识却能让我们受用一生。如果因为讨厌某一位老师，就放弃学习重要知识的机会，那实在得不偿失。所以，我们一定要理智，不要因一时的喜恶去拿自己的人生开玩笑。

学习时为什么**总走神儿**

青春故事

最近李磊在学习上感到特别疲倦,并且他上课时经常走神儿。无论是窗外飞过去的一只小鸟,还是同桌文具盒上的一幅图案,对李磊来说,都比老师讲课有吸引力。他感觉总是有很多与学习无关的事忽然窜进他的脑海里,让他频频走神儿,无法专心学习。面对这样的状态,李磊有些担心,不知道该怎么办。

问题解读

如今,学生的学习压力比较大,在某个阶段上课时走神儿的情况并不少见。也许,你也有过无法集中精神,刚听一会儿课就想入非非,思绪飘到九霄云外的时候。其实,我们不必过度担心这样的状态,毕竟大多数人的注意力高度集中只能维持20分钟左右。

但是,也不要忽视上课走神儿的情况。我们要根据自己的学习习惯,找到适合自己的提高专注力的方法,解决学习中爱走神儿的问题,才不至于耽误学业。

专家答疑

我该如何克服上课总走神儿的问题

避免外界干扰，打造安静的学习环境。在开始学习前，你要将手机、零食等干扰物都收起来，远离床和沙发，隔绝一切可能让你分心的因素。

劳逸结合，你如果发现自己学习时注意力涣散，已经开始走神儿，则可以短暂放松几分钟，清空大脑中引起你分心的杂念，再重新投入学习中。

调动手、眼、口，全身心地听讲，不要被动输入式地听讲，你可以跟着记笔记、思考问题，这都能帮你集中注意力。

巧用小工具，比如可以在手腕上戴一根皮筋，当你感到自己注意力不集中、犯困时，你就拽动皮筋弹一弹自己，将注意力重新聚焦在学习上。

青春知识 小链接

番茄工作法

科学研究表明，人的大脑的注意力高度集中的时间一般只能持续20分钟左右。也就是说，其实超长时间学习的效果并不理想。

调节好学习的时间，尽量多地让大脑处于注意力高度集中的状态下，才能提高学习效率。番茄工作法就是这样一种能有效地提高专注力的时间管理法。

我们可以选定一项待完成的学习任务，设置每25分钟为一个番茄钟，在此期间不做任何和学习任务无关的事，直到一个番茄钟结束。然后休息5分钟，再开始下一个番茄钟的学习。每度过4个番茄钟可以多休息一会儿。

这样不但能让我们较长时间保持注意力的高度集中，帮助我们提高学习效率，还会特别有成就感和满足感。

考前焦虑怎么办

青春故事

半夜11点多，李磊在床上辗转反侧，睡不着，过了一会儿他又叹起气来。爸爸发现李磊的异常，担心地询问其原因。李磊纠结又忐忑地告诉爸爸，因为下周要进行摸底考试，他焦虑、害怕得睡不着，甚至觉得呼吸困难，脑子"嗡嗡"直响，越想着考试临近越想哭。

爸爸知道李磊这是考前焦虑，他问李磊："你平时学得不错，之前也都考得挺好，下周的考试只是寻常摸底测验，所以不用担心。"李磊虽然觉得爸爸的分析有道理，但一想到"考试"这两个字，还是忍不住焦虑，不知道该怎么办才好。

问题解读

在重要事情前感到焦虑，不仅是我们在学生时代会有的困扰，即使到了成年，人们在面临重大事件时也会不可避免地感到焦虑。

我们面对考试时焦虑，无非是因为害怕考不好被老师和家长批评，害怕考题不会做，难以达到自己预期的成绩。面对即将到来的考试，你可能预先设想了无数糟糕的结果，这样胡思乱想会使你的心理负担加重，让考试失误变成萦绕你心头的魔咒。

其实，一次普通考试决定不了什么，比起胡思乱想，担心考试失败的后果，不如将精力放在抓紧时间复习上，关注掌握知识本身，尽力考出好成绩。

专家答疑

为什么我会在考试前焦虑呢

一些青少年在考试前会有情绪低落、紧张头晕、心跳加速、手脚冰凉等情况，这些都属于考前焦虑的表现。我们之所以会出现考前焦虑情绪，主要有以下 4 方面的原因。

1. 缺乏自信，悲观地认为自己会考不好。距离考试越近，这种担心越严重，进而转化成焦虑。

2. 过度在意家长、老师和周围人的评价，害怕自己因为考试失败而遭受批评。

3. 自身情绪调节能力需要提高。平时对自己的抗打击能力、情绪管理能力、心理调节能力锻炼不足。

4. 对自己没有正确的评价，不能客观地认识自己的学业水平，对考试成绩抱有过高的期待，或自卑心理较重，容易妄自菲薄，不能正确地认识自己的能力，给自己假设很多考试压力，这些压力也会转化为焦虑情绪。

青春知识 小链接

有效调节考前焦虑情绪的小妙招

1. 正视并接受考试现实,把大的复习目标拆分成小任务,逐一攻破,认真复习,增加考试的自信心。

2. 适当运动,释放紧张、焦虑情绪。当感觉紧张焦虑时,你可以通过户外跑步、游泳等运动来缓解焦虑。

3. 考试前闭眼、深呼吸,清除杂念,专注在试卷题目上,让注意力高度集中,可缓解焦虑、恐惧情绪,让你安定下来。

4. 调整心态,以平常心看待考试、排名这些事。我们一生中将经历无数次的考试,要明白一次的考试失败并不代表什么,因为你还有很多机会,所以不用过分担心眼前的这次考试。

没考第一名，就代表不努力吗

青春对话

"你说,是不是只有考第一名才有意义?第二名就代表不努力、不争气吗?"
李磊

刘川
"怎么会!每次我只要进步一点点,我妈就把我夸上天,你考第二名很厉害呀!"

"可是我很生气,爸爸都看不到我的努力,只盯着考试的排名,说我考第二名就代表我不努力。"
李磊

刘川
"你先消消气。我觉得我们要跟自己比较,只要这一次的成绩比上一次进步了,就是好的。而且第一名只有一个,也不一定每次都是你呀。考第二名的人也同样是优秀的。"

"唉!要是我爸爸也这么想就好了。"
李磊

问题解读

有些同学可能会有这样的疑问:"是不是只有第一名才值得被人称赞,没考第一名就是不努力、不上进?"

我们要知道,人生的评价标准是多维度的,并不只看一次或一时的考试名次。考试只是对我们过去一段时间学习效果的检验，而排名也只是帮助我们在小范围内了解自己所处的水平。班级第一名可能不是年级第一名，而把年级第一名和全市第一名去比，也可能落后一大截。因此，排名和成绩都不是桎梏和打压我们的标签，我们不要用一次考试的排名来定义自己。

面对成绩波动，如果你已经全力以赴，那就不要气馁，不要焦虑，不要过分地苛责自己，要相信自己仍有进步的潜力。

如何正确看待"考第一名"这件事

1. 不将"考第一名"设成自己的学习目标，要懂得"人外有人，天外有天"的道理。结合自身的学习情况，制定"跳一跳，够得到"的目标。

2. 在学习中保持平和的心态，不给自己过多无谓的学习压力，不让外界的因素打击自己的学习热情。

3. 拒绝自卑，不轻视自己。善于发现并欣赏自己的优点，明白"考第一名"并不是对优秀的唯一定义，即使学习成绩不突出，我们也可以是出色的孩子。

4. 积极与父母沟通，让父母了解你的学习情况，让他们明白成绩高低起伏属正常现象，不要因为一时成绩波动而造成全家焦虑。

青春知识 小链接

有效失败

瑞士心理学家马努·卡普尔曾提出一个心理学概念——有效失败,意思是说,在我们学习和尝试的过程中,可能结果并不总是很理想,但即使失败,我们还是能通过行动的过程获得很多宝贵的经验、教训、知识和心得,这些对我们的成长及发展起着积极的作用。所以,即使失败,这些也属于"有效失败"。

在考试中,虽然你没考第一名,但你努力学习和认真备考的过程也是有价值、有意义的。通过考试,你获得了经验,更深刻地理解和掌握了知识,并能凭借这些经验使自己在下次考试中不犯同样的错,不断提高自己的学习技能。

考试失利后不想学习

青春故事

期中考试结束后,刘川在学习上一蹶不振。本来开学之初他夸下海口说自己这学期的期中考试一定要考进班级前十名。可没想到努力了两个月,成绩还是不理想,最薄弱的语文学科成绩还是不及格。这不禁让刘川对学习丧失了信心,他觉得自己已经很努力了,为什么还是没考好呢?自己是不是没有天赋,不适合学习?当初向家长、老师还有同学夸口说自己会进步,这下会不会被他们嘲笑?

糟糕的考试成绩令刘川难过,他甚至滋生出再也不想学习的想法,可转念又纠结,难道自己真不学了?自己不学习,还能干什么?

问题解读

因为考试失利而气愤、懊悔,是每个学生都可能出现的问题。尤其青春期的孩子自尊心强,遇到考试失利、目标没能达成这种情况,更容易情绪低落,内心受到打击,觉得无颜面对父母和老师等,甚至容易产生逆反心理,开始自我放弃,不愿意再学习。

考试的目的并不是为了获得分数,而是要通过分数来了解自己的学习状况。我们不应该只关注分数的高低,而应该更关注失分的原因，从而找出自己的不足之处，进一步夯实知识点，解决问题才是最重要的。

逐渐成长为男子汉的你，又怎么能被一次小小的考试打倒呢？一次考试失利没关系，要赶紧调整心态，在学习这场"持久战"中，最后的胜利一定属于能坚持到底的人。

专家答疑

考试失利后，我不想学习怎么办

积极调整心态，学会管理自己的情绪。不因为一次考试失利而自怨自艾或妄自菲薄，尽快从失败的沮丧中走出来。

关注试卷解析，积极总结错题和丢分的原因，改正错题，整理错题本，把丢分的知识点彻底掌握。

避免将注意力放在排名、家长和老师的批评这些既定的事情上，减少精神的内耗，应把精力放在提升学习成绩上面。

根据答题情况，客观分析自己这一阶段学习中的不足，查漏补缺，为下次考试制订学习目标和细化的学习计划。

我们要相信，只要自己一步一个脚印地踏实学习，一定能达成目标。

青春知识 小链接

钝感力

人的一生会遭遇许多或大或小的挫折,每一次挫折都可能使我们感到消沉和失落,但同时,它们也能使我们成长。

有的人面对挫折时容易一蹶不振,有的人却能顺利地跨越挫折,甚至越挫越勇,其中的差异很可能与我们是否具有钝感力有关。

"钝感力"一词是由日本作家渡边淳一提出的。所谓钝感力,不是指面对问题时迟钝,而是强调一种应对困难和挫折的耐力,是坚强与外界对抗的能力。

拥有钝感力的人,往往具有良好的心态:他们能够快速地遗忘不愉快的事;对于认定的目标,有越战越勇、决不放弃的精神;能够坦然、大方地面对流言蜚语;面对表扬时,能谦虚谨慎,不得意忘形。

希望你也拥有钝感力,不因为一时沮丧而自暴自弃,面对学习中的挫折时能永不气馁。

肆

你的网络生活健康吗

玩一会儿游戏，就说我是"网瘾少年"

青春故事

刘川对妈妈的管教十分不服气，他很困惑：我不过是多玩了一会儿网络游戏，怎么就给我贴上"网瘾少年"的标签了？令他感到委屈的是，妈妈自己也天天看手机上的短视频而不节制。妈妈为什么要宽以律己，严以待人？

被妈妈没收手机后，刘川晚上偷偷地拿回手机，决定在被窝里玩几局游戏。他本来计划玩1个小时就睡觉，可是一玩起来，就忘记了时间，等意识到时，天都快亮了。

昏昏欲睡的刘川想起妈妈的话，忽然有些忐忑，担心自己是否真的有了网瘾。

问题解读

所谓网络游戏成瘾，通俗来说就是，我们明知道持续玩游戏会影响我们的学习、工作和健康，但是依然沉浸在游戏的愉悦和兴奋中无法自拔，长时间不知节制地玩游戏，最终严重影响我们的日常生活。

游戏开发商从市场角度考虑，在设计游戏时就会分析和捕捉玩家的心理，通过关卡设计、奖励机制、游戏荣誉等内容层层递进地吸引我们去玩。可以说网络游戏就像"精神鸦片"一样，很容易让我们深陷其中，使我们不能很好地约束自己的行为。

为了自己的健康、学业、前途，正值青春好时光的你，要锻炼自己的自控力，在网络游戏面前筑起心理防线，避免自己对其产生迷恋、依赖情绪。

专家答疑？

如何才能避免沉迷于网络游戏

培养有价值、有意义的兴趣爱好，充实每天的生活。比如，你可以将对游戏的兴趣转移到学习计算机编程知识、动画制作等方面，利用网络资源，学习更多的技能。

科学安排自己的休闲时光，选择更有益于身心的娱乐放松方式。比如在学习之余，可以和家人或朋友去户外徒步、郊游野餐，到大自然中获取力量，放松身心。

树立明确的人生目标和理想，将有限的时间放在为实现理想而探索、钻研、学习中，而不要放在网络游戏中。

制订合理的玩游戏计划。比如规定自己每天只玩半小时游戏，半小时之后就开始做其他的事情，严格执行学习计划。

青春知识 小链接

为什么网络游戏更容易使人上瘾

相比看小说、看电视等娱乐活动,当下网络游戏更容易让人上瘾,对青少年的专注力、自制力的负面影响也更大。这主要是因为以下两方面原因。

1．相比小说和影视剧,网络游戏的参与性和自主性更强。小说和影视剧,我们只能被动地观看,不能参与和更改内容,网络游戏则不同。玩家扮演角色可以参与到游戏中,自由度、主动性的空间更多,就会激发我们更关注游戏进程和结果,一玩就停不下来。

2．网络游戏对人的控制性更强。网络游戏中各种顶级装备、极品宝物、新奇场景吸引和刺激着我们,其机制类似赌博,具有层层递进的控制性,让我们一旦开始玩,就很容易深陷其中。

我的网友
究竟是谁

青春对话

刘川

"我周末去见了网友小麻花,他居然是一个大叔。"

李磊

"你的网友小麻花不是同龄的女生吗?"

刘川

"快别说了!吓死我了,谁知道那么年轻的女声背后是个大叔呀。"

李磊

"你也不用懊恼,网络上的声音可以造假。所以网络诈骗防不胜防啊。"

问题解读

很多青春期男孩对网络生活和交友存在幻想,觉得现实生活中遇到很多不顺心的事,不方便向身边人倾诉时,跟网友聊天也能开怀不少。然而,我们要知道,现实生活中存在的问题,网络世界依然会存在。我们很难遇到一个完全合我们心意的网友,在网络对面陪我们聊天,并且完全理解我们、认同我们。在如今发达科技的作用下,声音、图像、视频等,所有信息都可以伪造,我们无法全面了解网络背后和我们聊天的人究竟是不是伪装的。

所以,希望处于青春期的男孩们不要过分沉溺和相信网络世界中的人，不要用自己的人身与财产安全去检验人性，要谨慎交友，尽量避免与网友见面，保持距离地享受网络生活。

专家答疑

网上冲浪如何安全交友

我们在学习生活之余，与网友互动聊天，放松心情，并非不可以，关键是要注意保护自己的安全。我们不知道和我们聊天的网友究竟是谁，只有增强自我保护意识，才能安全上网，避免危险。下面给你讲一些网络交友安全常识。

1. 保护好个人信息，不向网友透露隐私。对网友聊天中的"套话"要有一定的识别能力，涉及金钱、真实姓名、学校名称、家庭地址、父母工作等相关的聊天内容，要注意回避。

2. 不贪小便宜，对网友无缘无故送出的礼物、提供的赚钱方法等，要学会拒绝。我们的社会阅历不足，很难分辨诈骗信息，但只要不贪图小便宜，就不会给骗子可乘之机。

3. 理智看待网络上的甜言蜜语。青春期男孩对异性可能抱有好奇和想要亲近的心理，但现实中尚有谎言，网络世界的甜言蜜语更不可信。你要警惕网友过分亲密的聊天，尽量不见网友，不网恋。

青春知识 小链接

常见网络诈骗陷阱识别

近年来，网络诈骗事件层出不穷，网络交友有风险，上网聊天需谨慎。下面我列出一些常见网络骗术，你在上网交友时要注意分辨。

1. 大赛中奖诈骗。用电子邮件、聊天软件信息推送等方式告知中奖，并要求少量汇款确认，或者支付邮费领奖品，这些都属于诈骗。

2. 网络资源诈骗。网友以提供一些不健康的影视资源为诱饵，要求打款购买，这很有可能是骗局，所以你要主动拒绝不良信息的诱惑。

3. 点击广告条赚钱是骗局。有些人可能告诉你只要帮忙点击一些广告，就可以按点击次数支付你报酬，这一般都是骗局，或点开的广告链接含有病毒程序，会窃取你电子设备中的个人信息。

4. 提供创业机会诈骗。有些网友会在与你熟悉后，以介绍兼职、一起旅游、共同学习等借口为由邀你见面，实际上可能都是以各种理由进行诈骗。

如何区分
网络虚拟和现实

青春故事

最近,游戏里跟刘川"结婚"做任务的网友笑笑退出不玩了。这个变故让刘川变得郁郁寡欢。

原本,刘川只是因为学业压力大,通过玩玩网络游戏放松。但是在做游戏任务的时候,刘川和一位叫笑笑的网友组队做任务,两个人十分谈得来,一起玩游戏时很开心,甚至还在游戏里"结婚"了。刘川看到笑笑上线就心花怒放,看不到她在线就莫名失落,就连平时学习时都难以集中注意力,他觉得自己好像是喜欢上网络游戏中的笑笑了。

但是,最近笑笑忽然说因为备考要退出游戏了,还告诉他不要把游戏里的"结婚"当成恋爱。刘川开始有些疑惑,网络中的感情难道都是假的吗?虚拟网络和现实生活到底该如何区分呢?

问题解读

网络的虚拟性决定了其中很多行为难以得到约束,而正值青春期的我们对是非对错的分辨能力还不强,对世界的看法还较为单纯,所以很容易像刘川一样,陷入一段网络感情而无法自拔,并给自己的现实生活带来消极影响。

男孩们请记住,网络终究是虚拟的,它和现实之间存在巨大的差异。我们在网络世界中与人聊得热火朝天之后,断开网络，每个人都有自己需要面对的现实生活。你会发现网络中的情感与自己预想的相差甚远，那些虚无缥缈的对话和感情还可能给你带来麻烦，影响你的现实生活。因此，你要回归现实，过自己的人生。只有拥抱真实的世界，才能获得踏实的幸福。

专家答疑

该如何看待网络和现实呢

我们要理智地看待网络的工具属性，客观地认识网络只是一个载体。虽然网络是基于现实搭建的，能为我们提供信息、娱乐、交友等一些便捷服务，但我们也要知道网络是具有虚拟属性的。

网络虽然能给我们提供情绪价值，但它不能完全与现实社会相连通，我们不能将网络当作现实生活的避难所。躲进网络世界并不能从根本上解决问题，逃避只能造成更严重的现实后果。我们可以将网络视为情绪的出口，但不要将所有感情寄托于网络。

要明白我们真正想要的一切，都需要从现实中获取。树立明确的定位和目标，比如好成绩、好前途等，都要回归现实世界才能真正获得。

青春知识 小链接

沉迷于网络的危害

长期沉迷于网络生活，对正处于青春期的男孩而言危害巨大，主要体现在以下3个方面。

1. 危害视力健康。电子产品基本都有辐射，且电子屏幕的亮光容易刺激眼球，造成视觉疲劳。青春期的男孩正处于学业压力大、视力发育的关键时期，长时间看电子产品对视力造成的损伤是不可逆的。

2. 影响身体健康。我们长期使用手机、平板等电子产品时，习惯保持一种姿势，这对我们的肩颈、腰椎等部位都有不良的影响，长此以往会给健康埋下隐患。

3. 影响交际能力的培养。过度沉迷于虚拟的网络世界，会占用和消耗我们过多的精力，导致我们对周围的现实生活变得漠不关心，社交活动减少，以致很难适应现实社会。

上网聊天时爱讲脏话，是坏孩子吗

青春对话

李磊

"刘川,我前几天玩游戏时,居然被我爸踹门训了一顿,他命令我不要讲脏话。"

"叔叔跟咱们有代沟,他不懂咱们的心理。你有没有觉得讲脏话很帅啊?"

刘川

李磊

"我倒也没觉得很帅,但我觉得讲脏话时,把心里的不痛快讲出来很痛快。反正网上聊天时,大家互相不认识,讲两句脏话怎么了?"

"不过你也不要把憋屈都发泄在网络上,也要保持网络环境的和谐,所以你还是少说一些脏话吧。"

刘川

问题解读

相信很多青春期男孩都有过讲脏话的经历,尤其是在网络社交和游戏中,一部分男孩更习惯夹杂脏话来进行沟通。而在我们从小到大接受的教育观念中,认为讲脏话是不好的,坏孩子才会讲脏话。

虽然我们知道讲脏话是不文明的,但从心理学的角度来讲,当我们自身能承受的负面情绪达到极限,不能很好地控制自己的情绪时,我们适当讲脏话可以帮我们宣泄情绪、释放压力,避免自己做出一些失控的行为。

所以，虽然不提倡讲脏话的行为，但如果你在情绪压力极大时说一些脏话，调整自己的心态，也无伤大雅，不必有过多的负罪感。但要记住一点，语言也是伤人的利器，网络不是法外之地，不要让你的语言伤害到他人。

专家答疑

进入青春期后，男孩爱讲脏话就是坏孩子吗

首先，我们要明确的是，讲脏话并不等同于品德败坏。事实上，很多男孩在成长过程中都会经历爱讲脏话的这样一个阶段，随着他们的成熟，会逐渐改掉这个习惯。

有的男孩可能因为好奇、模仿或者试图在同伴中树立自己的地位而讲脏话。有的男孩可能生活在充满争吵和暴力的家庭环境中，他们会模仿家庭成员的言行，从而养成讲脏话的习惯。这并不代表他们内心深处就是邪恶的，不能仅仅因为讲脏话就给他们贴上"坏孩子"的标签。

当然，我们也不能忽视讲脏话可能带来的负面影响。在社交场合中，讲脏话可能会让他人感到不舒服，甚至引发冲突。此外，长期讲脏话可能会影响我们的语言表达能力和沟通能力，使我们在与他人交流时显得粗鲁无礼。

如果你也有爱讲脏话的习惯，那么你要认识到讲脏话的负面影响，并改掉这个习惯。

青春知识 小链接

如何控制自己不讲脏话

无论是在现实生活还是在网络世界中，脱口而出讲脏话都不是好习惯。下面教你避免讲脏话的小妙招，帮你做个礼貌的"小绅士"。

1. 想讲脏话时，赶紧深呼吸，赶走坏情绪，避免冲动之下的口不择言。你可以尝试用更礼貌、更文明的语言来表达自己的想法和感受。

2. 摆事实，讲道理，以理服人。很多时候我们之所以讲脏话，是因为要对我们不认同的事情表达情绪。你可以尝试培养自己的语言修养，多阅读一些优秀的文学作品，学习如何运用不同的词汇和表达方式来表达自己的意思。

如果你控制不住讲了脏话，要真诚地道歉，不要让你的脏话伤害到他人，要勇敢地承担说脏话的后果。我们应该尊重他人的感受，用更温和、更理智的方式来表达自己的意见和看法。

"朋友圈"里的谎言

青春故事

最近有件事令刘川十分恼火，一个"朋友圈"里的好友骗了他500元钱后，把他"拉黑"了。这个网友是刘川在游戏中认识的，两人互相加了微信，几乎天天一起聊天、玩游戏、分享日常生活中的趣事，两人保持无话不谈的状态已有小半年了。刘川一直认为他俩是好朋友，没想到对方骗了他的钱之后就不知去向了。

刘川后来从他人口中得知，原来这位网友不单骗了他一个人的钱，还用差不多的借口骗了好几个游戏圈里朋友的钱。

经历这次的教训，刘川决定以后一定要擦亮眼睛识人，不轻信网友，更不误交损友。

问题解读

正处于青春期的男孩往往对友谊有着单纯、美好的信任，觉得能多聊几句天的就是朋友，能一起打球、打游戏的就是朋友，甚至能一起逃学闯祸的也是朋友。无论是身处现实世界，还是网络世界，青春期男孩都深信这一点。

但是，我们要知道，网络世界深不可测，我们没法预料自己会遇到什么样的人和事，可能跟我们朝夕畅聊的网友，他们一开始的目的就是利用我们对友谊的单纯信任来欺骗我们，从我们这里获利。所以，我们对待交友要保持谨慎的态度，热爱交友的同时，也不轻信网络世界"朋友圈"里的人。

在此，希望每个男孩在保持对友谊向往的同时，也能学会鉴别什么是真友谊，才能不被网络世界或现实世界"朋友圈"里的坏人伤害。

专家答疑?

青春期男孩交友要注意什么

青春期男孩开始有强烈的交友欲望，希望拓展自己的朋友圈，学会独立社交，这属于正常的心理需求。但要注意交友途径的安全性，最好通过学校、课外班、夏令营等更安全的途径交友，结交网友时要注重个人的隐私安全。

交友时，要学会如何选择朋友，不要为了刺激和有趣结交损友，尤其不要为了引起关注、获得崇拜、耍帅等去结交一些不良少年。

不要盲目地扩张网络"朋友圈"。有的男孩为了获得更多的朋友，会将关注点放在网络交友上，通过网络建立更广的"朋友圈"，但这种"朋友圈"常常未经筛选，危险性会比较高。

交友时，要以友谊为第一目的，不要为了利益而交友。以利益开始的友谊，最终很可能也会因利益而决裂。尤其是网络交友，更需谨慎地避开利益牵扯。

青春知识 小链接

益者三友，损者三友

关于建立什么样的"朋友圈"对自己更有益这个问题，早在几千年前，著名的思想家、教育家孔子就给过我们答案。

在《论语·季氏篇》中记载道："益者三友，损者三友。友直、友谅、友多闻，益矣；友便辟、友善柔、友便佞，损矣。"这句话的意思是说，朋友可以分为好坏两类，能给我们带来益处的好朋友，应该是正直、诚实、见闻广博的，而对我们有损害的坏朋友，则是那些爱走歪门邪道、阿谀奉承、花言巧语的人。

处于青春期的我们，总以为能称兄道弟的就是朋友，但真正的朋友应该是能和你共同进步的人。我们交友时一定要学会分辨益友和损友，学会筛选自己的"朋友圈"。

如何善用网络好好学习

青春对话

刘川
"在化学实验课上,你的实验做得那么顺手,是怎么做到的?"

"那些实验,我早已经在网上搜索过操作视频,都预习过了。"

李磊

刘川
"你平时上网不打游戏,居然只学化学?"

"不止化学,我最近还通过网络微课程学了视频剪辑、吉他入门和素描。"

李磊

刘川
"哇……我真该向你学习了。我上网还只是为了打游戏和跟网友聊天,你居然学了这么多东西!"

问题解读

说起"上网""玩电脑"这些词,是不是有很多人将它们与不学习、偷懒挂钩?虽然近几年网课盛行,我们已经逐渐习惯通过网课的形式学习新知识,但日常生活中主动拿起手机、平板电脑这些电子产品时,可能还是娱乐的目的居多。

实际上,我们要认识到网络是把"双刃剑",并非所有上网活动都是浪费时间,如果能够利用网络好好学习,那么上网对我们而言就是利大于弊的事情。

网络其实是一个高效、便捷的，为我们赋能的窗口。通过网络，我们可以看纪录片增长人文知识，还可以借助网络课程学一门乐器，或者在网络课堂里自学编程，制作一个属于自己的小游戏等，这些都是网络的妙用，能帮我们增强学习力，成为更优秀的人。

专家答疑

如何利用网络资源来学习呢

锻炼自己提出问题的能力和信息搜索的能力。我们要先学会主动从日常功课中发现问题，归纳总结后，带着对知识的疑问上网搜寻答案，借助网络解决学习中没弄懂的细节问题。

充分利用网上多样化的学习资源。如今，网络微课、视频课程等各类教学内容非常多，我们可以选择适合自己的课程学习。也许校内某门科目老师讲课的方式并不适合你，而多样化、个性化的网络课堂，就能帮你弥补短板，提供更适合你学习习惯的课程。

拓宽视野，利用网络学习资源提高自己的知识面和技能。现在很多网络平台课程内容丰富，无论是美术、摄影还是音乐、舞蹈，都能找到相应的视频课。我们可以自学这些视频课，来探索自己的特长和优势。

利用网络学习并锻炼我们的思辨能力。通过网络，我们可以在专门的学习网站、论坛和同龄人交流学习经验，探讨与学习有关的问题。更多的互动、交流有助于我们从多角度考虑问题，从而更深刻地理解和运用知识。

青春知识 小链接

利用网络学习时需注意的事项

1. 合理安排上网时间。即使是学习，也要合理安排时间，不要一直"泡"在网络中，那样对我们的视力健康和线下学习的专注力都有负面影响。

2. 避免过于依赖网络学习的便捷功能。一些同学一遇到问题就用网络搜索题目获得答案，久而久之容易养成懒惰的毛病。遇到问题不思考，先上网求答案，这是一种不良的学习习惯，需要改正。

3. 合理筛选网上的学习资源。网络中有海量的学习资源，我们不可能逐一学习。筛选就成为学习中的关键步骤。我们可以选择与自己校内课程相关的内容，或者自己感兴趣的内容深度学习，尽量减少对所有课程浅尝辄止、半途而废的行为。

4. 借助网络学习的过程中，要自觉屏蔽不良信息，不搜索或观看不健康的网络内容。

伍

身体变化的小秘密

我怎么变成"公鸭嗓"了

 **青春故事**

最近,李磊一直觉得嗓子难受,好像里面有什么东西堵着,咳又咳不出来,说话声音变得沙哑且难听,特别奇怪。刚开始他以为是自己炸鸡吃多了导致嗓子发炎,可这种症状一直没有好转,自己原来清亮的嗓子如今变成"公鸭嗓",这让李磊既尴尬又担心,害怕自己的声音以后都不会变回去了。班主任安慰李磊,说变声期要好好保护嗓子。听到"变声期"这个词,李磊有些忐忑,他虽然听说过男孩长大会经历"变声期",但他还是很担心自己会一直是"公鸭嗓"。

 **问题解读**

进入青春期之后,男孩会经历变声期,声音会变得粗糙沙哑、低沉,不复小时候的清亮、动听。因为声音的变化,有的男孩被同学嘲笑为"公鸭嗓",以致羞于在众人面前讲话。有的男孩开始疑惑,自己的声音会不会一直这样难听?这个"讨厌"的变声期究竟什么时候才会结束呢?

每个男孩都会经历这样的变声期,这并不是嗓子生病了,而是从男孩变成男人的必经阶段。开始变声,说明男孩正在走向成熟。所以,你不必慌张,注意保护好嗓子,只要顺利度过变声期,你的声音就会变好的!

专家答疑

进入青春期后，男孩为什么会变声

声带是我们喉腔两侧的一对弹性黏膜皱襞，我们能够发出声音，主要靠声带振动。也就是说，我们声音的粗细是由声带决定的，因为每个人声带的长短、薄厚有所区别，所以人们发出的声音也各具特色。

孩童之所以声音清脆，是因为他们的声带短而薄。而男孩的变声期，就是声带发育的阶段。进入青春期后，男孩的喉部开始发育，声带变长、变厚，这就导致我们的声音变得更低沉，而声带和喉头发育时出现局部充血、分泌物增加等状况，则导致声音粗哑。

每个男孩发育早晚、快慢，以及声带条件各不相同，这就导致同处于变声期，男孩们的声音也大不相同。

青春知识 小链接

在变声期该如何养护嗓子

变声期是男孩成长发育过程中的正常生理现象,不必太过焦虑,可以按照以下方式来养护嗓子。

1. 少吃刺激性食物、辛辣食物,还要拒绝烟酒,减少饮食对声带的刺激。

2. 正确使用嗓子,避免大声喊叫、长时间说话,唱歌也要尽量减少,避免声带过于疲劳。

3. 注意休息,劳逸结合。充足的睡眠和适当的运动,都有助于声带的健康发育。

4. 心态平和,避免焦虑。变声期的长短因人而异,持续四五个月或一两年都是正常的。只要保护好嗓子,就能平稳地度过变声期。

喉结是男人的标志吗

青春故事

刘川最近发现自己的咽喉部位凸起了一块小软骨，摸起来有些硬，他知道自己这是喉结增大了。自从发现自己的这个新奇变化之后，刘川每天都习惯用手摸一摸喉结的大小。伴随着喉结的明显，刘川也迎来了他的变声期。

刘川还会时不时地同好朋友李磊对比一下，李磊的喉结发育还不明显，这令刘川十分得意，觉得自己比李磊更像个男子汉。

问题解读

男孩进入青春期后，喉结开始逐渐显现。面对喉结这个男性第二性征的出现，有的男孩开始感到忐忑、忧虑，担心自己是不是生病了；有的男孩则感到好奇、兴奋，觉得自己终于有些大人的样子了。

其实，只要仔细观察就会发现，我们身边的同学、朋友的喉结或多或少都有些变化，因为喉结的发育是青春期男孩的必经阶段，这是我们变成男人的标志。但是，因为每个人发育早晚、身体素质的不同，我们喉结的发育时间和程度也各不相同。所以，无论此时你的喉结是大是小，都不必担心和焦虑，注意保护喉结，它都能健康发育的。

专家答疑

我的喉结发育不明显是怎么回事

喉结发育不明显可能由多种因素导致，包括遗传、生理差异、营养状况等。

首先，遗传因素是一个重要的影响因素。有的男孩的家族中可能有喉结不明显的遗传倾向，这可能导致他们在发育过程中喉结不明显。

其次，个体的生理差异也可能导致喉结发育不明显。每个人的生长发育都有所不同，有的男孩可能发育得比较慢，喉结显现的时间可能会晚一些。

此外，营养状况也可能对喉结发育产生影响。如果我们的身体缺乏必要的营养素，如蛋白质、维生素和微量元素等，可能会影响喉部的正常发育。

喉结发育不明显并不一定意味着存在健康问题。每个人的身体特征都是独特的，而喉结的大小和明显程度也因个体差异而异。

青春知识 小链接

喉结是只有男性才有吗

人的喉咙一共由11块软骨作支架组成，其中，甲状软骨体积最大，两片对称的甲状软骨就构成了喉结，我们的喉结呈锥状。

无论是男性还是女性，喉咙里都有甲状软骨。只不过女性体内雄性激素比较少，而雌激素多，这使女性的甲状软骨发育不明显，从外部来看，没有明显变化。而男性在雄激素的作用下，甲状软骨迅速发育，就形成了凸出的喉结。所以说，无论男女都有喉结，只是经过青春期发育后，男性的喉结更为明显。

悄悄发育的"小弟弟"

李磊最近经常心事重重的，自从上周刘川神秘兮兮地问他"小弟弟变没变大"这件事，他就有点儿担心。最近他虽然发现自己的"小弟弟"比以前大了，但是好像没有刘川的长得快，他有些担心自己的"小弟弟"是否太小，是否发育不正常，会不会影响将来的生活。

进入青春期的男孩，面对自己身体的诸多变化，脑海里会出现很多疑问。在这个阶段，虽然男孩们对身体的发育和生殖器官的变化有了初步认识，但对很多事还是一知半解，甚至容易引发很多误会。

就像李磊一样，和好朋友比"小弟弟"大小之后，因为比对方的小，就开始自卑和担心起来。实际上，这些担忧和焦虑是没有必要的。"小弟弟"的学名叫阴茎，青春期的男孩子正处在生长发育的快速阶段，"小弟弟"变大，说明你正在向男子汉靠拢，但因为"小弟弟"的发育有早晚、快慢的不同，所以不必过度担心。

在日常生活中，注意"小弟弟"的清洁卫生，多关注"小弟弟"的生长发育状况，若发现问题，及时告诉父母。放松心情等待"小弟弟"慢慢长大，这是青春期送给你的礼物。

为什么"小弟弟"总偏向一侧

进入青春期后,有的男孩可能会发现自己的"小弟弟"总是偏向一侧,内心有些尴尬和担心,认为自己身体不健康,或者发育有什么缺陷。

其实,"小弟弟"偏向一侧属于正常现象,大多数男孩都会遇到这样的问题,只要不是包皮系带过短导致的勃起后偏向一侧,就无须过度在意。"小弟弟"偏向一侧,是由于"阴茎海绵体白膜异常"引起的,也就是说阴茎一侧部分白膜比较多,就会导致阴茎偏向另一侧,对阴茎功能和健康没有影响。

建议处于青春期的男孩,尽量选择宽松、舒适的裤子,避免穿紧身牛仔裤等,给阴茎生长发育提供一个相对宽松、自由的空间,有助于阴茎的健康发育。

青春知识 小链接

关于"小弟弟",你不可不知的知识

"小弟弟"的学名叫阴茎,是男性外生殖器官的重要组成部分。男性生殖器官分为内、外两部分:内生殖器包括睾丸、输精管和附属腺;外生殖器包括阴茎和阴囊。

皮肤、筋膜和海绵体共同组成了阴茎。阴茎最前端叫龟头。龟头外部有一层薄薄的皮肤,就是包皮。进入青春期后,男孩的阴茎逐渐变长、变粗,包皮会渐渐向后退,露出龟头。出现这样的情况,说明阴茎在长大。

阴茎有两个功能,分别是排尿和输出精子孕育生命。一般到18岁之后,男孩的阴茎会发育完全。

"小弟弟"不听话怎么办

青春对话

李磊

"我发现自己的'小弟弟'经常不听话,总会莫名其妙地勃起,而且不分地点、场合,根本控制不住。"

"我最近也有这种情况,有一天我正在操场上看篮球比赛,一激动,我的'小弟弟'忽然就立起来了!我只能猫腰弓背,用校服挡着,赶紧离开了。"

刘川

李磊
"你说,我们是不是患了什么病了?"

"唉!我也不清楚是怎么回事。"

刘川

问题解读

青春期的男孩会面临的一个尴尬问题是,"小弟弟"总是不听话,不论时间、地点、场合地勃起,让自己陷入十分被动且尴尬的局面。

有的男孩觉得这是一件"丑事",还有的男孩会感到羞愧,甚至自我厌弃,认为自己是个坏孩子。实际上,"小弟弟"不听话是很多青春期男孩都遇到过的情形,这只是男孩身体发育后的一种正常生理反应。

我们要做的是正确地认识"小弟弟"勃起这件事,了解一些处理阴茎勃起情况的健康常识,保护好自己的生殖健康,避免"小弟弟"受到伤害。

127

"小弟弟"为什么经常不听话

阴茎由背侧两条阴茎海绵体和腹侧的尿道海绵体组成。这3条海绵体组织内部有许多空间和腔隙,其中,阴茎海绵体发挥主要作用。在阴茎受到刺激后,血管会舒张,进而导致大量血液进入阴茎海绵体,这些血液的快速流入,使阴茎被撑起,阴茎变硬、变长,这就是阴茎勃起。

青春期男孩因为生长发育,体内的雄激素水平开始升高,在性意识觉醒后,听觉、嗅觉、视觉、触觉、思想刺激等与性有关的因素,都会刺激阴茎勃起,这属于精神性勃起,是青春期性发育成熟的表现之一,是性激素分泌所致。

男孩外生殖器受到触摸、走路摩擦等刺激,也会导致阴茎勃起,这属于反射性勃起,是受到刺激后的正常生理现象。

有时即使男孩没有触碰阴茎,没有性幻想,阴茎也会突然勃起,不受控制,也没法压制。

因此,你不必为此自责、羞愧,也无须采用任何极端的方式处理。

青春知识 小链接

"小弟弟"不听话时的应对小妙招

1．端正心态，避免产生心理负担。"小弟弟"勃起是每个男性都会出现的正常生理现象，它就像吃撑时会打饱嗝一样正常，并不可耻。

2．不看色情的小说、视频等，不讨论与色情有关的话题，避免外界环境对自己产生精神、心理等方面的刺激。

3．如果遇到"小弟弟"不听话的情况，可以试着转移注意力，比如集中精力学习或去散步、打球等等。

4．日常穿宽松的裤子，不穿紧身裤，尽量少用手对"小弟弟"有意或无意地刺激。注意清洁和护理"小弟弟"，留意是否有包皮过长的情况。包皮过长也会导致"小弟弟"的勃起，因此如果你发现自己有包皮过长的情况，要及时告知家长，尽早就医处理。

我要不要刮胡子

"李磊,你长胡子了吗?你平时刮不刮胡子啊?"

刘川

李磊

"我当然长了,不过我的胡子不太密,只是小茸毛,我现在还不用刮。"

"我天天刮,我可不想留一脸胡子,好难看。"

刘川

李磊

"我爸爸告诉我,咱们青春期开始长胡子是很正常,如果只是少量茸毛样的胡须,不用特意刮。等年龄再大一些,胡须茂密了,再开始剃须。"

　　进入青春期的男孩都会面临一系列身体上的发育变化,长胡须就是其中之一。有的男孩还不习惯胡须的出现,觉得胡须影响了自己的外在形象,也有的男孩还会因为被同学、朋友调侃自己长胡须这件事而产生害羞、紧张、自卑等心理,开始思考刮胡须的问题,或者用拔胡须这类不正确的方式来处理。

　　实际上,对青春期的男孩来说,胡须和喉结的出现一样,是一种男性的象征。所以,对于开始长胡须和要不要刮胡须这些事,男孩们不要觉得害羞和困惑,正确地看待长胡须这件事,并掌握正确的剃须方法。

青春期男孩需要剃须吗

青春期男孩是否需要剃须,应该基于个人偏好、毛发密度和生长速度等因素来综合考虑。

有的男孩可能更倾向于展现出清爽、整洁的形象,他们可能会选择剃须。而有的男孩则可能更喜欢展现出自然、成熟的形象,他们认为剃须并不是必须的。这种偏好源于个人的审美观、性格特点等因素。

有的男孩的面部毛发可能非常浓密,甚至在两鬓都长满了胡须。这样的男孩可能需要更频繁地剃须。有的男孩的面部毛发可能相对稀疏,只需要偶尔剃须,甚至不需要剃须。

我们应该根据自己的个人情况来做出决定,展现出最佳的自我形象。

青春知识 小链接

我该如何正确地剃须

剃须是男性日常生活中的一个重要环节,它不仅能够保持面部整洁,还能帮助塑造个人形象。但是,剃须也是一个需要技巧和方法的过程。下面,我将为你提供一些关于如何正确地剃须的建议。

1. 选择适合你的剃须刀。市场上有多种剃须刀类型,包括手动剃须刀、电动剃须刀等。

2. 剃须前要做好准备工作。你可以用热毛巾敷脸,使胡须变软,这样剃须时会更加顺滑。

3. 剃须过程中,要注意剃须的顺序。先从鬓角开始,顺着脸颊向下移动,然后剃除下巴和颈部的胡须,顺着胡须生长的方向进行剃须。同时,避免过度用力或快速移动剃须刀,以免造成划伤或刺激皮肤。

4. 剃须后及时清洁面部。使用温水清洁面部,将剃须残留物清除干净。然后涂抹护肤品。

最后,无论是手动剃须刀还是电动剃须刀,都需要定期清洁和保养。

做羞羞的梦
是怎么回事

青春故事

最近，有件事让李磊十分困扰，他有时做梦会梦到同桌乔乔。乔乔是个活泼、可爱的女孩，他觉得自己似乎有些喜欢乔乔。在梦境中，自己居然会拉着乔乔的手，还想要亲乔乔的脸。每当从这样的梦境醒来后，李磊都觉得既羞愧又自责。他觉得这样的梦有些奇怪，由于梦的内容太难为情，他又不敢告诉父母或同学。他不明白自己为什么会做这样的梦。

问题解读

青春期，无疑是每个人生命旅程中一个充满变化与探索的特殊阶段，而性意识的发展是这一时期的显著标志。对男孩而言，开始对性产生兴趣与好奇，思考关于性的问题，探寻自己的性取向和性身份。

青春期的男孩们，由于激素的涌动和性意识的逐渐觉醒，对性相关的事物产生了浓厚的好奇与关注。但由于年龄和身份等限制，往往无法在现实生活中直接表达或实现自己对异性的情感。因此，这些情感和愿望可能会在梦境中得到投射和释放，我们常称之为"羞羞的梦"。

专家答疑

我做了羞羞的梦，是变坏了吗

做这样的梦并不意味着我们是品行不佳的孩子。它既不代表个人的道德品质，也不反映性格特征。事实上，无论是男孩还是女孩，在青春期这个特殊阶段，都可能会产生性幻想，并在梦境中有所体现。这是正常且普遍存在的生理现象，我们无须因此感到过分担忧或自责。

在现实生活中，我们需要明确区分梦境与现实，学会自我调节和控制，不让梦境中的情节影响我们的日常生活和人际关系。同时，我们要学会以尊重和友好的态度对待身边的异性，尊重她们的个人边界，避免侵犯她们的隐私。

虽然这些梦境在一定程度上是正常的性意识发展的表现，但如果出现过于频繁或内容过于偏激，就可能对男孩的心理健康产生负面影响，不利于形成正确的性观念和行为习惯，那么就需要及时采取措施加以干预，寻求专业的心理咨询，以便更好地应对这一现象。

青春知识 小链接

拒绝性骚扰

性骚扰是指任何形式的、不受欢迎的、给他人造成困扰、使他人不安的与性有关的言语或行为。这包括但不限于言语上的侮辱、挑逗，身体上的触碰，甚至是网络上的不当言论或图片。

无论是在校园、家庭还是社会，都可能存在性骚扰现象。这种不良行为不仅侵犯了他人的尊严和权益，还会导致他人遭受严重的心理创伤。我们应该养成正确的性观念，控制自己的行为，不对他人进行任何形式的言语或身体上的侵犯。

同时，我们也需要学会如何防范性骚扰。了解性骚扰的常见形式和手段，以便在遇到类似情况时能够迅速做出反应。如果遭遇性骚扰，我们要勇敢地站出来维护自己的权益，不要因为害怕或觉得羞耻而选择沉默。我们要及时向信任的人，如父母、老师或警察求助，告诉他们我们遭遇的经历，寻求他们的帮助和支持。

遗精
是怎么回事

青春故事

最近,有一件事困扰着李磊,某天早上起床,他发现自己的内裤湿乎乎的,上面有一摊白色黏液,他隐隐约约地感觉这应该就是男生们讨论的"遗精"。

被突如其来的窘况折磨几天后,李磊终于鼓足勇气向爸爸说了这件事,没想到爸爸居然恭喜他,说他长大了,是个男子汉了,还给他科普了很多关于精子的知识。了解更多这方面的知识后,李磊终于对自己遗精这件事不再害羞和担心了,开始坦然接受自己的成长变化。

问题解读

很多青春期男孩由于对精子、遗精等知识一知半解,所以总是带着一种隐秘的兴奋和害羞的心情。其实,这些都是正常的生理健康知识,是我们需要学习的生理常识,并不需要谈之色变,有过多抵触或者难为情的心理。

男孩出现遗精的情况,虽然是一件无法宣之于口的私密之事,但是我们要正确地看待它,不必因为遗精或类似问题而影响自己的学业和生活。要知道,经历青春期的成长发育,每个男孩都会遇到类似的困扰,所以你不必羞愧难当。充分了解相关知识后,你就会发现精子的产生和遗精情况,就像分泌唾液和打喷嚏一样正常。

专家答疑

我为什么会遗精？遗精后应该怎么处理

一般来说，男孩在 12~15 岁会出现首次遗精。产生遗精的原因，则是因为男孩进入青春期，性器官发育，睾丸开始持续不断地产生精子，这些精子会进入附睾和输精管等部位被贮存起来。当贮存到一定量时，就会出现精子过剩状态，男孩就会出现遗精状况。

男孩遗精大多数发生在睡梦中，表现为阴茎会排出一些黏稠液体，这些黏稠液体就是精子。青春期男孩每个月遗精 1~2 次都属于正常的生理现象，不必担心或恐惧。在遗精后，可以采取以下几项措施进行处理。

1. 调整心态，正确地认识遗精这种正常的生理现象，避免出现羞涩、紧张、自责、焦虑等情绪，要坦然地接受它。

2. 更换内裤和床单，保证身体的清洁卫生，避免护理不当导致细菌滋生和感染。

3. 转移注意力，不要将注意力放在遗精这件事上，要将精力多放在学习、校园生活、交友聚会方面，选择有益身心的活动，避免遗精影响自己的心情。

青春知识 小链接

精子到底是什么呢

1. 精子是人类有性生殖过程中产生的雄性生殖细胞。精子的外形像蝌蚪，分为头和尾两部分。细胞核和顶体两部分共同组成精子的头部，精子头部一般呈圆球形、螺旋形或者梨形等。

2. 精液是一种有机混合物，正常情况下呈乳白色或淡黄色，其中含有精子和精浆。这些精子是由睾丸产生的，而精浆的分泌则来自前列腺、精囊腺、尿道球腺。

3. 每颗精子的主要职责是不断向前运动，找到卵子并与之结合，形成受精卵。精子和卵子的结合，就是新生命最初的孕育工作，这是精子最重要的功能。

"小土豆"的烦恼

青春对话

李磊:"爸!您带我去医院查一查骨龄吧,我这身高快是班里男生中最矮的了。"

李磊爸爸:"咱们家个头都很高,你将来不可能矮的,就是没到长个儿的时候呢!"

李磊:"您不要经验主义,要是我真有什么问题,趁着青春期还能及时调整。"

问题解读

很多青春期的男孩看到他人的个头"噌噌"往上蹿,而自己像个"小土豆"一样,心里不免会感到担忧和焦虑。

其实,人的身高与遗传、睡眠、运动、饮食、性激素等多种原因都有关系。其中,遗传因素占大多数,也就是说,如果你的父母都是高个子,那你的身高大概率也不会太矮。但是后天的一些因素,也在很大程度上影响着我们的身高。所以,如果你能调理好饮食、睡眠、运动等方面,那么,你长高的愿望并非不可能。

如果你对自己现在的身高很不满意,也不要太过焦虑,你可以从运动、饮食等方面着手调整,或者去咨询专业医生的意见。

专家答疑

我还能长高吗

人一生身高快速增长期一共有两个，分别是婴儿期和青春期。其中，青春期是人体生长发育的第二个高峰期，此时身体会发生许多变化，包括骨骼、肌肉、生殖系统等方面的发育。在这个阶段，身高增长的速度和幅度因个体差异而异，但一般来说，男孩的身高增长幅度较大，平均每年增长7~10厘米。

判断身高能否再长，主要依据是骨骺。骨骺是骨骼末端的软骨组织，它负责骨骼的纵向生长。在我们的成长过程中，骨骺会逐渐转化为坚硬的骨骼，这个过程称为骨化。骨化的过程决定了骨骼的长度，从而决定了身高。当骨骺线闭合时，这意味着骨骺已经完成了其生长和骨化的过程，骨骼的长度将不再增加，身高基本上就确定了。男性的骨骺线闭合时间通常在18~20岁。

身高是一个重要的生理指标，但它并不是衡量一个人价值的唯一标准。智力、情感、社交能力等多方面的成长，才是决定一个人是否优秀的关键。与其过分在意自己的身高不足，不如更加关注自己的全面发展，培养自己的多方面才能，以成为一个更加优秀的人。

青春知识 小链接

怎样才能长得高一点儿呢

虽然身高大部分是由基因决定的，但是通过一些方法，我们仍然可以在一定程度上增加身高。

1. 健康的饮食。人体需要各种营养素来支持身体的生长和发育。尤其是青春期，身体的生长发育最为迅速，要保证摄入足够的蛋白质、维生素和矿物质等营养素，这有利于骨骼的生长和发育。

2. 适量的运动。运动可以促进身体的代谢和血液循环，有助于提高肌肉和骨骼的质量。特别是全身性的运动，如打篮球、游泳等，可以促进骨骼的生长。

3. 良好的睡眠。进入熟睡状态后，身体会分泌生长激素，可以促进骨骼的生长。因此，要保证充足的睡眠时间。尽量让睡眠环境安静、舒适，有助于提高睡眠质量。

需要注意的是，每个人的生长发育情况都是不同的，不要盲目追求身高，应该以健康为前提，科学地促进身高增长。

身上的毛毛怎么变多了

青春故事

进入青春期之后,刘川清楚地感受到自己身体的变化,仿佛一夜之间,自己的阴部、腋下、唇边、胸部、腿部都迅速地长出了一些体毛。面对同学们说他穿"毛裤"这样的玩笑话,刘川虽然刚开始还很平静,但被人说得多了,他开始感觉烦恼和困惑。为什么自己的体毛比他人多?身上长出这么多体毛,到底有必要吗?

问题解读

很多青春期的男孩,明明自己以前的皮肤还是白白净净的,到了青春期就变成了"猕猴桃",身上各个部位都长出毛毛,实在令人烦恼。

其实,我们不必因为体毛的事情而担心。皮肤上的毛毛变多,对男孩而言是件好事,这说明你正在慢慢地成熟、长大,已经开始向大人转变。

一般来说,男孩在13岁左右,体毛会开始增多,这些体毛主要是在雄激素的作用下产生的。各个部位的体毛不但能保护我们的健康,还能表现我们的男子气概。所以,面对体毛,我们不要抵触或烦恼,这是男孩逐渐发育成熟的必经阶段。习惯体毛的存在,正确地认识不同人体毛存在的差异,顺其自然地看待体毛,这是青春期的我们,必须学习的一门功课。

我需要修剪体毛吗

进入青春期后,受雄激素的影响,男孩会比女孩的体毛长得更黑,且更浓密一些,这属于正常现象。

身体不同部位的体毛对我们的身体有保护作用,所以不要随便刮体毛或用镊子拔体毛,以免引发毛囊炎。如果觉得手臂、腿部等部位的体毛过于茂密,影响美观,可以使用脱毛仪、脱毛膏等科学的脱毛方式适当脱毛。

男孩是否需要修剪体毛,这个问题其实并没有固定的答案,因为它很大程度上取决于个人的喜好和生活方式。有的男孩喜欢保留自然生长的体毛,认为这是一种男性魅力的体现;而有的男孩喜欢将体毛修剪得更为整洁、清爽。

如果你认为修剪体毛可以提高自己的舒适度和自信心,那么就可以选择进行修剪;如果你更喜欢保留自然的体毛状态,那么也完全可以这样做。最重要的是,无论你选择哪种方式,都要保持清洁和卫生,避免细菌感染等问题发生。

青春知识 小链接

身上不同部位的体毛各有什么作用

体毛相当于人体的"健康守护卫士",不同部位的体毛有各自的作用。下面让我们一起了解一下身体不同部位的体毛都有哪些作用吧!

1．汗毛:与人体神经系统相连,能抵挡寄生虫的入侵,预防蚊虫叮咬。

2．鼻毛:可以过滤空气中的灰尘和细菌,减少呼吸摄入的毒素在人体内的沉积。

3．睫毛和眉毛:保护眼睛,避免细菌、灰尘和汗液侵入眼睛。

4．腋毛:在大量出汗时,腋毛有助于人体排出汗液和调节体温。

5．阴毛:帮助阴部汗液和分泌物的发散,有效地抵御细菌和病毒的入侵,保护隐私部位。

6．胡须:对于男性而言,胡须是男性魅力的一部分。除了美观作用外,胡须还能帮助阻挡空气中的微粒和细菌,保护面部皮肤。

7．腿毛:能帮助我们在行走时减少皮肤与衣物的摩擦,降低皮肤磨损的风险。

体毛的生长情况、颜色和密度都可能受到遗传、激素水平等多种因素的影响。有些人可能天生体毛较为浓密，而有些人则可能较为稀疏。这并不意味着哪一种情况更好或更差，而是需要根据个人的实际情况进行衡量。

体毛在人体中扮演着多种角色，不仅具有保护皮肤、调节体温的作用，还能帮助人体抵御外来物质的侵害。我们应该学会正确地管理自己的体毛，保持其健康和美观。